HEYNE BÜCHER

ESOTERISCHES WISSEN

Von Shakti Gawain
sind erschienen in der Reihe
HEYNE ESOTERISCHES WISSEN:

Im Garten der Seele · Band (08/9563)
Meditationen im Licht · Band (08/9610)
Das Leben-im-Licht-Programm · Band (08/9621)

Zusammen mit Laurel King:
Leben im Licht · Band (08/9535)

SHAKTI GAWAIN

ERWACHEN

VISUALISIERUNG UND MEDITATION FÜR JEDEN TAG DES JAHRES

Deutsche Erstausgabe

WILHELM HEYNE VERLAG
MÜNCHEN

HEYNE ESOTERISCHES WISSEN
Herausgegeben von Michael Görden
08 / 9900

Aus dem Amerikanischen übertragen
von Brigitte Peterka

Titel der Originalausgabe:
AWAKENING
erschienen bei New World Library, San Rafael, California

Printed in Germany 1993
Umschlaggestaltung: Atelier Adolf Bachmann, Reischach
Umschlagillustration: ZEFA / Masterfile, Düsseldorf
Satz: Kort Satz GmbH, München
Druck und Bindung: RMO, München

ISBN 3-453-06565-4

Danksagung

Ich möchte meiner Herausgeberin, Leslie Keenan, meine Anerkennung für ihre kreativen Ideen, Unterstützung und harte Arbeit bei der Zusammenstellung dieses Buches aussprechen. Meinem Mann, Jim Burns, danke ich für seine vielfältige Hilfe, die dieses Buch ermöglicht hat. Vielen Dank auch an die Mitarbeiter von New World Library für ihr Engagement bei der Herstellung dieser Bücher und Kassetten.

Widmung

Für Manuela, die ich liebe und schätze.

Einführung

In der heutigen Welt haben viele von uns eine Reise der Bewußtwerdung angetreten. Wir sind bestrebt, unser individuelles und kollektives Leben stärker nach natürlichen Gesetzen und universalen Prinzipien auszurichten, damit wir mit uns selbst, sowie untereinander und mit der Erde in Gleichgewicht und Harmonie leben können. Die ökologischen, sozialen und politischen Herausforderungen, denen wir uns heute zusätzlich zu unseren persönlichen Problemen stellen müssen, machen es notwendig, bewußter leben zu lernen. Wenn wir persönlich die Verantwortung für ein bewußtes Leben übernehmen, können wir ein Beispiel setzen, das den anderen in unserer Welt die Kraft gibt, dasselbe zu tun.

Gewahrsamkeit und Bewußtheit im täglichen Leben zu praktizieren, ist ein sich ständig vertiefender, lebenslanger Prozeß. Er verlangt, daß wir die Verbindung zu unserer spirituellen Weisheit herstellen, um sie auf den anderen Ebenen unseres Wesens zu integrieren — mental, emotional und physisch. Er fordert uns heraus, unsere alten Anschauungen und Verhaltensmuster zu erkennen und uns von ihnen zu befreien, um uns in allen Bereichen unseres Lebens neuen Wegen zu öffnen.

Ich hoffe, daß Dir dieses Buch im täglichen Leben eine Hilfe sein wird. Jeder Tag enthält eine Eintragung, die aus Überschrift, kurzer Botschaft und Affirmation oder Frage besteht. Manche dieser Eintragungen wirst du inspirierend finden, andere, die deinen Ansichten widersprechen, werden dich zum Nachdenken anregen oder dich herausfordern, einen genaueren Blick auf deine Überzeugungen, deine Gefühle oder deine Lebensweise zu werfen. Ob du mir beipflichtest oder nicht, meine Absicht ist, dich anzuregen, dir deiner eigenen Wahrheit mehr bewußt zu werden.

Das Buch kreist um bestimmte Themen, die sich über einen oder mehrere Tage erstrecken können, aber auch über eine oder zwei Wochen oder einen Monat. Der Großteil des Materials wurde meinen Vorträgen und Interviews entnommen. Einige Eintragungen stammen aus meinen Büchern ›Return to the Garden‹ und ›Meditations‹. Wir haben uns bemüht, jede Tageseintragung klar und verständlich abzufassen. Solltest du dennoch Schwierigkeiten haben, die Begriffe oder Konzepte zu verstehen, kannst du im Glossar am Ende dieses Buches nachschlagen oder meine anderen Bücher lesen. Für ein tieferes Verständnis vieler Konzepte in diesem Buch empfehle ich, die Bücher von Dr. Hal Stone und Dr. Sidra Winkelman zu lesen oder ihre Kassetten anzuhören (erhältlich bei New World Library).

Eine Methode für den Umgang mit diesem Buch ist, jeden Morgen in ihm zu lesen. Wenn die Affirmation dir zusagt, kannst du sie dir tagsüber öfters vorsagen oder mehrmals niederschreiben. Gefällt sie dir nicht, so denk dir einfach eine aus, die für dich stimmt. Liegt eine Frage vor, so stell sie dir selbst und denk eine Weile darüber nach. Vielleicht spürst du den Wunsch, einige Gedanken und Gefühle, die hochkommen, niederzuschreiben.

Ich hoffe, daß dir dieses Buch Freude machen und von Nutzen sein wird.

In Liebe,

Shakti Gawain

1. Januar

Erwachen

Jeden Morgen, wenn wir erwachen, haben wir Gelegenheit, ein neues Leben anzufangen. Was wir am Tag zuvor gelernt haben, wird uns helfen, unser Leben von einem anderen Blickwinkel aus zu betrachten.

Jeder Jahresanfang stellt eine besondere Gelegenheit für ein Erwachen zu größerer Bewußtheit dar, denn die Erfahrungen des Vorjahres haben uns weiser gemacht.

Tag für Tag
und Jahr für Jahr
schreite ich auf dem Weg
der Bewußtwerdung voran.

2. Januar

Der Weg der Bewußtwerdung

Bewußtwerdung bedeutet, mehr und mehr darauf zu achten, was in uns und um uns vorgeht. Wir alle wollten vieles in unserem Leben nicht wahrhaben und sind jetzt dabei aufzuwachen. Bewußtwerdung hat nichts mit Selbstverbesserung zu tun, sondern heißt, sich selbst zu erkennen und dadurch ein erfüllteres Leben zu führen. Das ist eine lebenslange Aufgabe, aber wozu sonst sind wir hier?

Mein ganzes Leben
ist
ein Weg der Bewußtwerdung.

3. Januar

Hab Hochachtung vor dir selbst

Du bist einzigartig. Du bist ein wertvoller und besonderer Teil des Universums. Du bist wichtig. Du bist hier, um auf deine Weise die Welt mitzugestalten, auf eine Weise, die sonst niemand hat. Sei dir dessen in deinem innersten Wesenskern bewußt.

Ich bin einzigartig.
Ich wirke auf meine besondere Weise
an der Gestaltung des Universums mit,
auch jetzt, in diesem Augenblick.

4. Januar

Was wünschst du dir?

Wir alle haben Wünsche, obwohl sie uns manchmal nicht bewußt sind. Wenn es uns gelingt, uns unsere Wünsche bewußt zu machen, werden sie beginnen, sich zu verwirklichen.

Ich werde mir meiner
geheimsten Wünsche und
Bedürfnisse bewußt.

5. Januar

Steck dir Ziele

Sobald du weißt, was du willst, kannst du den nächsten Schritt machen: Dir Ziele stecken. Um sie zu erreichen, mußt du etwas unternehmen. Das ist nicht schwer. Schreib einfach auf, was du im kommenden Jahr und in den nächsten fünf Jahren erreichen willst. Natürlich können sich deine Ziele später ändern, doch du mußt herausfinden, wie sie jetzt lauten, und sie anerkennen. Dann kannst du beginnen, darauf zuzugehen.

Welche Ziele steckst du dir
für dieses Jahr?
Für die nächsten fünf Jahre?

6. Januar

Was wir uns wünschen, bekommen wir

Das Universum ist darauf ausgerichtet, uns alles, was wir brauchen und wollen, zu geben. Es sind wirklich nur unsere eigenen Ängste und Minderwertigkeitsgefühle, unsere Zweifel und Scham, die uns hindern, an der unglaublichen Fülle und Schönheit des Lebens teilzuhaben.

In dem Maße,
in dem mein Vertrauen ins Universum wächst,
werden sich auch meine Wünsche erfüllen.

7. Januar

Wir erschaffen unsere Wirklichkeit

Wir selbst erschaffen in jedem Augenblick unsere eigene Wirklichkeit, ob wir uns dessen bewußt sind oder nicht. Sind wir es nicht, so sind unsere alten Gewohnheiten und Verhaltensmuster ihr Schöpfer. Je bewußter wir werden, desto mehr werden wir fähig sein, das zu schaffen, was wir wahrhaftig wollen.

Ich selbst
erschaffe jeden Tag
meine Wirklichkeit.

8. Januar

Unser Leben ist unsere eigene Schöpfung

Es ist nötig zu erkennen, wie unglaublich unser Leben im Grunde ist und wie stark wir daher sind. Jeder von uns kann auf viele einzigartige, interessante, ja erstaunliche Erfahrungen in seinem Leben zurückblikken und hat eine Reihe faszinierender Charaktere in das Drama seiner persönlichen Realität hineingezogen. Diese Menschen und Erfahrungen sind ein Spiegel unserer Kreativität. Obwohl wir fähig sind, eine noch bessere und zufriedenstellendere Realität zu schaffen, ist das, was wir bis jetzt verwirklicht haben, bereits ein guter Beweis für unsere Wesenskraft.

Mein Leben
ist Ausdruck
meiner Kreativität.

9. Januar

Das Leben ist einfach

Das Leben ist viel einfacher, als die meisten von uns glauben. Wir arbeiten viel zu hart an uns selbst, an unserem geistigen Wachstum und an unserer Stellung in der Welt, anstatt uns zu entspannen und uns der Lebenskraft in und um uns zu öffnen und sie wirken zu lassen. Das Leben versucht ständig, uns alles zu geben, was wir wollen und brauchen, doch wir merken es nicht vor lauter Mühe und Hast.

Ich bin offen,
um zu empfangen, was mir heute
über den Weg läuft.

10. Januar

Wir sind mit der Wahrheit verbunden

Jeder von uns trägt die Lebensweisheit in sich und kann diese Quelle der Wahrheit jederzeit anzapfen. Wenn wir auf unsere Intuition hören und ihr vertrauen, wird sie uns leiten. Sie wird uns in jedem Augenblick unseres Lebens zeigen, was wir tun und wissen müssen, wenn wir sie nur lassen.

Ich lasse mich
von meiner Intuition leiten.

11. Januar

Das Leben ist eine Entdeckungsreise

Um das Leben als eine Entdeckungsreise zu betrachten, müssen wir uns befreien. Wir dürfen uns selber nicht so ernst nehmen und von jeder Handlung erwarten, daß sie die gewünschten Resultate erbringt. Wenn wir uns als Forscher fühlen, können wir vieles ausprobieren. Wir können die uns gebotenen Möglichkeiten *erforschen* und durch diesen Prozeß unsere vielen verschiedenen Seiten *entdecken.* Eine solche Haltung eröffnet uns immer neue Möglichkeiten.

Wenn etwas einmal nicht funktionieren sollte, dann laß es einfach sein. Denk bloß nicht, daß du alles, was du anfängst, zu Ende bringen mußt. Du kannst aus jeder Erfahrung lernen.

Ich bin gewillt,
etwas Neues zu erforschen.

12. Januar

Lebe aus Leidenschaft

Machst du manches aufgrund von Schuldgefühlen oder weil du glaubst, du müßtest oder solltest es tun? Frag dich statt dessen, wonach du dich wirklich *sehnst.* Tu das, was dir das Gefühl gibt, daß es richtig ist, dann wirst du zufrieden sein. Hab Spaß an deinem Leben und lebe es auf eine leidenschaftliche und sinnvolle Weise.

Wie können wir eine Welt der Freude und Erfüllung schaffen, wenn wir nicht selbst auf eine solche Weise zu leben beginnen?

Ich lasse mich nicht mehr
von meinen Schuldgefühlen
leiten, sondern tue, was
mir Freude macht.

13. Januar

Spontaneität

Spontan zu sein, heißt, aus dem Augenblick heraus zu leben, geleitet vom Fluß der eigenen Energie, die frei und ungehindert der Lebenskraft folgt. Es ist ein wunderbares Gefühl, wenn wir unsere Spontaneität zulassen.

In unserer Kultur werden Planung, Struktur und Disziplin höher bewertet als Spontaneität. Alles Spontane wird mit Kindheit gleichgesetzt, doch selbst die Kinder zwingt man, ihre Spontaneität zu kontrollieren. Von den Erwachsenen wird selbstverständlich erwartet, daß ihr Benehmen rational und beherrscht sei. Kein Wunder, daß die meisten von uns den Zugang zu ihrer Spontaneität verloren haben. Es ist daher nötig, bei unserem Heilungsprozeß diese Verbindung zu unserer natürlichen Spontaneität wiederherzustellen.

Ich lerne jeden Tag mehr,
dem Fluß der Lebenskraft
zu folgen.

14. Januar

Der Verlust der Spontaneität führt zur Sucht

Manche Menschen kämpfen gegen die Unterdrükkung ihrer natürlichen Spontaneität durch den Gebrauch von Drogen an. Alkohol und gewisse andere Drogen paralysieren vorübergehend den ›zensurierenden‹ Teil der Psyche, der alles unterdrückt, was gesellschaftlich nicht akzeptabel ist, und ermöglichen so einen Ausbruch von spontaner Energie. Leider findet dieser Ausbruch in einer unnatürlichen und destruktiven Form statt und führt daher nur zu weiterer Unterdrückung.

Der Heilungsprozeß erfordert, daß wir aufhören, uns selbst mit künstlichen Mitteln zu manipulieren, und unsere eigene Psyche kennenlernen. Wir müssen die Unterstützung finden, die wir brauchen, damit wir lernen, auf unser natürliches, fühlendes Selbst zu vertrauen.

Ich finde natürliche
und gesunde Wege, um
meine Spontaneität auf kreative Weise
zum Ausdruck zu bringen.

15. Januar

Spontaneität kann das Gefühl vermitteln, die Kontrolle zu verlieren

Oft fürchten wir uns vor unserer Spontaneität, weil sie verlangt, daß wir unsere vorgefaßten Ideen aufgeben und auf den Augenblick vertrauend einfach den Geist durch uns fließen lassen. Das bedeutet, etwas zu riskieren und von der ständigen Kontrolle abzulassen. Das mag anfangs schwer sein, besonders wenn wir gelernt haben, der Spontaneität nicht zu trauen. Doch wenn wir einmal diese Verbindung zum Augenblick spüren, ist es sehr erfüllend. Wenn wir so frei sind, daß wir unseren eigenen spontanen Gefühlen folgen können, sind wir offen für das Universum und damit für mehr Möglichkeiten und mehr Kreativität in unserem Leben.

Fangen wir im Kleinen an, spontaner zu sein, wenn wir uns relativ sicher fühlen. Je mehr wir auf unsere Spontaneität vertrauen, desto mehr wird sie wachsen.

Ich vertraue dem Universum
und erlaube ihm, durch mich
zu wirken.

16. Januar

Disziplin kann eine Hilfe für mehr Spaß sein

Manche Leute sind sehr spontan. Sie reagieren sehr emotional, und ihr Leben ist auf Spaß und Vergnügen ausgerichtet. Sie sind meistens künstlerisch veranlagt, kreativ und ihre Gesellschaft ist faszinierend. Manchmal leiden sie unter mangelndem Erfolg oder Anerkennung, weil es ihnen an Disziplin und Ordnung fehlt, die sie fürchten. Sie müssen lernen, daß sich Disziplin sehr wohl mit Spaß und Kreativität vereinen läßt. Disziplin braucht keineswegs ihren Lebensgeist zu ersticken, sie kann ihnen aber helfen, ihr Leben ins Gleichgewicht zu bringen.

Ich lerne,
Disziplin und Spontaneität
ins Gleichgewicht zu bringen.

17. Januar

Das Gleichgewicht zwischen Spontaneität und Disziplin

Spontaneität und Disziplin arbeiten Hand in Hand in deinem Leben. Struktur und Organisation helfen dir, dich sicher zu fühlen, wenn du etwas Neues beginnst. Disziplin unterstützt jeden Lernprozeß. Sie gibt dir ein Gefühl für das, was du tust, und verleiht Selbstsicherheit. Sobald du dann die technische Seite gemeistert hast, kannst du mehr spontan sein.

Disziplin hilft uns, mit bestimmten Techniken und Strukturen vertraut zu werden, die dann unsere Kreativität unterstützen. Beim Erlernen eines Instrumentes müssen wir zuerst die Tonleitern üben. Sobald wir sie beherrschen, können wir beginnen, unsere Gefühle spontan auszudrücken und zu improvisieren, so daß der Geist durch uns fließen kann.

Mittels Disziplin und
Spontaneität finde ich
zu kreativem Ausdruck.

18. Januar

Schaffe Ausgewogenheit in deinem Leben

Ob wir mehr Spontaneität oder mehr Disziplin brauchen, eine Struktur im Leben ist eine Stütze, die uns hilft, die beiden ins Gleichgewicht zu bringen. Jeder von uns benötigt eine gewisse Zeit pro Tag für Arbeit, Spiel und Entspannung. Wir brauchen Zeit, um unsere Aufgaben zu erfüllen, und Zeit für unsere Lieben. Die meisten von uns haben Schwierigkeiten, das richtige Gleichgewicht zu finden. Wir müssen unser Leben so einteilen, daß wir Zeit für alle unsere Bedürfnisse haben.

Ich erstelle einen
ausgewogenen Zeitplan
für mich selbst.

19. Januar

Finde deinen Rhythmus

Es ist sehr wichtig, daß du in deinem Zeitplan auch das berücksichtigst, was du gerne tun möchtest. Wenn du nur das hineinnimmst, was du tun mußt oder sollst, dann wird er nicht funktionieren, denn du wirst dich dagegen auflehnen. Achte darauf, daß genügend Raum bleibt für Spontaneität, du willst ja deine Kreativität nicht ersticken.

Stell eine Liste mit deinen Prioritäten auf und gib an, wieviel Zeit du für jede brauchst. Nimm Rücksicht auf deine Verpflichtungen und auf die Bedürfnisse der Menschen um dich. Stell aus diesen Daten einen Plan für die Woche zusammen und finde deinen eigenen Rhythmus.

Ich finde einen Ausgleich
zwischen Arbeit und Spiel,
zwischen meinen Verpflichtungen
anderen und mir gegenüber.

20. Januar

Die Vollkommenheit liegt im Prozeß selbst

Das menschliche Leben ist seiner Natur nach ein Lernprozeß und vor Irrtümern und Fehlschlägen nicht gefeit. Von sich selbst in jeder Lebenslage ein vollkommenes Verhalten zu erwarten, ist daher nicht realistisch.

Anstatt unser Hauptaugenmerk auf das Erreichen perfekter Resultate oder vorgegebener Werte zu richten, müssen wir es auf die Vollkommenheit lenken, die dem Prozeß oder dem Weg dorthin innewohnt. Das Leben selbst ist von unglaublicher Vollendung. Wenn wir lernen, die Lebenskraft zu erkennen und ihr zu folgen, werden wir sehen, wie vollkommen dieser Prozeß ist, wie alles, was wir lernen müssen, uns auf eine erstaunliche Weise präsentiert wird, wie wir sie selbst weder erfinden noch verstehen hätten können.

Ich anerkenne,
wie vollkommen mein Lernprozeß ist.

21. Januar

Vertrau der Höheren Macht in Dir

In uns ist eine Art höhere Intelligenz am Werk. Sie weiß, was sie tut, und versucht, uns von Moment zu Moment zu leiten, zu lehren und zu lieben. Sie will uns helfen, so zu werden, wie es unseren höchsten Möglichkeiten entspricht. Aus diesem Grund muß sie uns durch unseren eigenen Heilungsprozeß führen. Manchmal mag das etwas unangenehm sein, aber irgendwann werden wir schließlich fähig sein, zu erkennen, daß jeder Schritt auf diesem Weg notwendig und vollkommen war.

Ich lerne,
meine Höhere Macht zu erkennen
und ihr zu vertrauen.

22. Januar

Wir sind bereits dort, wo wir sein sollen

In uns Menschenwesen steckt der Drang, etwas zu erreichen. Viele streben nach einem gewissen Lebensstandard, weil sie glauben, daß er sie glücklich machen oder ihnen in den Augen ihrer Mitmenschen Anerkennung verschaffen wird. Selbst jene von uns, die an ihrem persönlichen Wachstums- und Bewußtwerdungsprozeß arbeiten, sind überzeugt, nicht dort zu sein, wo sie eigentlich sein könnten oder sollten. Doch Bewußtwerdung findet nicht erst dann statt, wenn wir dies oder das erreicht haben. Sie erfolgt dadurch, daß wir uns bewußt werden, wo wir jetzt, in diesem Moment sind.

Der Versuch, voranzukommen, entfernt uns vom eigentlichen Prozeß. Erst wenn wir beginnen, den Prozeß selbst zu schätzen, werden wir aufhören, uns Sorgen zu machen, und uns an der faszinierenden Reise erfreuen, die jeder Moment an jedem Tag mit sich bringt.

Heute versuche ich nicht,
voranzukommen.
Ich werde mir darüber bewußt,
wo ich jetzt bin.

23. Januar

Wir sind Lernende

Wir neigen alle zur Selbstkritik. Wir sind wahre Meister im Ausdenken, was falsch oder unangebracht mit uns sein könnte. Wir werfen uns ständig vor, nichts richtig zu machen und noch nicht perfekt zu sein. So zu leben, tut weh. Wenn wir uns selber schlagen, können wir nichts lernen. Wir sind hier, um etwas zu lernen. Wir sind Kinder. Wenn wir schon erleuchtet wären, wären wir nicht hier.

Das Leben ist meine Schule,
ich bin hier, um zu lernen.

24. Januar

Du hast einen Lehrer in dir

Du hast einen Lehrer in dir: Dein Höheres Selbst. Es ist immer bei dir, ob du es fühlst oder nicht. Alles, was wir tun müssen, ist in uns gehen und um Führung bitten, um Wahrheit, um Unterstützung, um Liebe oder Ermutigung, was wir eben brauchen. Wenn wir um Führung bitten, wird es sich sofort melden. Wenn auch vielleicht nicht in der Art, wie wir es erwarten, doch es meldet sich immer.

Meine intuitive Weisheit
führt mich Schritt für Schritt
den Weg entlang, der nur für mich ist.

25. Januar

Alles kann zur Botschaft werden

Das Universum übermittelt seine Botschaften oft auf außergewöhnlichen Wegen. Es können Dinge passieren, die dir buchstäblich zeigen, was dir deine Seele mitteilen will. Von deiner rationalen Erziehung wirst du vielleicht Abstriche machen müssen, ja selbst von der Idee, daß es eine höhere Macht geben könnte, die mit dir kommunizieren will. Aber wenn du dich der Einsicht öffnest, daß es eine höhere Macht gibt, die versucht, dich zu leiten, dann wirst du beginnen, von deiner Intuition, deinen Träumen und einfach durch die Beobachtung der Ereignisse in deinem Leben, Botschaften zu empfangen.

Ich beginne, mir der Botschaften
aus dem Universum bewußt zu werden.

26. Januar

Nie versucht das Leben uns weiszumachen, etwas stimme nicht mit uns

Das Universum ist immer bestrebt, dir zu zeigen, wie du mehr du selbst sein kannst. Die schmerzlichen Lektionen, die unvermeidlich sind, sollen uns zeigen, daß wir uns nicht genügend vertrauen oder lieben, oder daß wir nicht ehrlich oder sorgsam genug mit uns selber umgehen. Auf irgendeine Weise vernachlässigen wir die Beziehung zu uns selbst. Das Universum versucht uns zu zeigen, wie wir unsere Stärke, Wahrheit und Kreativität leben und uns selbst mehr lieben und vertrauen können.

Ich habe Ehrfurcht
vor mir selbst.
Jeden Tag werde ich mehr ich selbst.

27. Januar

Heiße auch schwere Zeiten willkommen

Sei mit allem einverstanden, was heute auf dich zukommt. Schwierige Zeiten bergen einen besonderen Reichtum. Natürlich möchten wir solche Zeiten schnell hinter uns bringen, doch jede schmerzliche, verwirrende oder unangenehme Erfahrung wird es uns leichter machen, das nächste Mal auf einen guten Ausgang zu vertrauen.

Sind wir einmal vertraut mit diesem Prozeß, so können wir aus jeder Erfahrung etwas lernen. Dann wird es nicht mehr so lange dauern, bis wir eine Situation durchschauen und begreifen, warum wir sie durchstehen müssen oder was wir daraus lernen können.

Auch meine jetzige Lage
hat ihr Gutes und gehört
zu meinem Lernprozeß.

28. Januar

Jeder Tag hat sein Gutes

Jeder Tag will uns etwas lehren. Diese Lektionen sind verborgene Geschenke, doch wir weigern uns oft, sie anzunehmen. Der Lernprozeß wird leichter, wenn wir zu uns selber sagen können: »Das Leben macht mir ein Geschenk. Es will mich jetzt in diesem Augenblick etwas über mich lehren, etwas, das ich wirklich lernen will. Schau, wie weit ich schon gekommen bin, als Nächstes muß ich das hier noch lernen.« Diese Erfahrungen mögen manchmal schmerzlich sein, doch wenn wir uns ihrer heilenden Wirkung bewußt werden, werden wir für diese Gaben des Lebens dankbar sein.

Welche Gaben
hält das Universum heute für mich bereit?
Was muß ich lernen?

29. Januar

Sieh auch die humorvolle Seite des Lebens

Das Universum hat einen guten Sinn für Humor, wenn du gewillt bist, ihn zu bemerken. Wenn du dein Leben als Reise zu sehen beginnst, die einen ganz bestimmten Zweck hat, dann wirst du plötzlich merken, wie das Universum auf humorvolle Art seine Hand im Spiel hat und sich so manchen Spaß erlaubt. Was passiert, ist oft nicht ohne Ironie, wenn du offen genug bist, um diese ›Zufälle‹ zu erkennen.

Je mehr ich mich für die
spielerische Seite des Universums öffne,
desto mehr werde ich seinen Humor
wahrnehmen.

30. Januar

Frag die höhere Macht in dir um Rat

Wenn du dich verwirrt oder unsicher fühlst, wenn du nicht aus noch ein weißt, oder nicht weißt, was du brauchst, oder was du lernen sollst, dann frag einfach. Es fällt uns schwer, im richtigen Moment daran zu denken, doch es ist wichtig. Frag jeden Tag, welche Richtung du einschlagen oder was du aus dieser Erfahrung lernen sollst. Hör nicht auf zu fragen, bis die Antwort kommt. Wenn du dir nicht sicher bist, kannst du um ein Zeichen bitten. Bleib offen für alles, was kommt.

Wenn ich die höhere Macht
in mir um Rat frage,
erhalte ich die Antwort.

31. Januar

Liebe dich selbst

Liebe dich für deinen Mut, daß du auf diese irdische Ebene gekommen bist und diese schwierige Reise auf dich nimmst. Liebe dich für die Verbindung, die du zur Macht des Universums hast. Liebe dich für dein Menschentum, deine Verletzbarkeit, deine Verwirrtheit, ja selbst für deine Unwissenheit. Liebe dich für das Kind, das du bist. Du bist hier in deiner Unschuld, um zu wachsen und zu lernen.

Ich liebe und respektiere mich.

1. Februar

Furcht vor innerer Leere

In dem Maße, in dem wir die Verbindung zu unserem Wesensgrund und der Lebenskraft verloren haben, fühlen wir eine Leere in uns, eine Einsamkeit, einen Mangel. Um diesen Gefühlen, die uns schreckliche Angst einjagen, zu entgehen, stürzen wir uns in die verschiedensten Tätigkeiten. Diesem Beschäftigungszwang Einhalt zu gebieten, hieße, uns diesen Gefühlen von innerer Leere und Bedeutungslosigkeit auszuliefern. Natürlich müssen wir genau dies tun. Ironischer- und paradoxerweise geschieht dadurch nämlich eine Öffnung, die es uns ermöglicht, die Verbindung zum Geist wiederherzustellen, so daß unsere spirituelle Quelle wieder fließen kann.

Ich trete mit meinen
tiefen, inneren Gefühlen in Verbindung.

2. Februar

Stille

Unsere Kultur schätzt die Stille nicht, sie hat Angst vor ihr. Wir pflegen die innere Stille nicht, die Kunst der Meditation, die darin besteht, auf der physischen, emotionalen und mentalen Ebene so weit zur Ruhe zu kommen, daß wir die spirituelle Ebene erfahren können. In der Stille begeben wir uns an jenen inneren Ort der Leere und Einsamkeit und verweilen dort so lange, bis wir mit diesen schmerzlichen Gefühlen vertraut genug sind, um durch sie hindurchgehen und mit unserem tiefsten Wesensgrund in Verbindung treten zu können. Auf dieser tiefsten Ebene des Seins sind wir mit allem verbunden.

Ich pflege
die Kunst der Stille.

3. Februar

Nimm dir täglich Zeit für die Stille

Es ist lebenswichtig, daß du jeden Tag einige Augenblicke lang Zeit für die Stille oder für eine Meditation findest. Für die meisten Leute ist der Morgen, ehe sie ihren täglichen Beschäftigungen nachgehen, oder der Abend, wenn sie ihr Tagwerk vollendet haben, am besten geeignet.

Die Stille gibt dir Kraft, selbst wenn die Zeit dafür sehr kurz ist. Glaub nicht, daß du mindestens eine halbe oder gar eine Stunde lang meditieren mußt. Fünf oder zehn Minuten können bereits eine große Hilfe sein, wenn du es verstehst, dich zu entspannen und dich in dieser Zeit so tief wie möglich in dein Wesen fallen zu lassen. Laß alle Gedanken fallen. Wenn dein Verstand zu aktiv ist, wirst du den Ort der Stille in dir nicht finden, doch mit einiger Übung wird es dir immer schneller gelingen.

Ich nehme mir ab heute
jeden Tag Zeit für die
Stille.

4. Februar

Ganzwerdung

Das Universum besteht aus einer unendlichen Anzahl von Eigenschaften, Energien oder Archetypen. Alle diese Energien existieren in jedem von uns. Unsere Aufgabe ist es, von diesen Eigenschaften so viele wie möglich in unserem Leben zu entwickeln und auszudrücken, um zu ganzen Menschen zu werden. Das Leben hilft uns dabei, indem es uns in die Richtung führt, die es uns ermöglicht, jene Eigenschaften zu entwickeln, die wir am nötigsten brauchen.

Jede Erfahrung,
die ich auf meiner Reise durchs Leben mache,
dient meiner Ganzwerdung.

5. Februar

Das Paradoxe

Die physische Ebene ist von dualistischer Natur. Das bedeutet, daß es für jede Wahrheit eine gleichwertige entgegengesetzte Wahrheit gibt. Das erscheint uns paradox und ist schwer zu akzeptieren für uns, weil wir in unserem linearen Denken verhaftet sind. Für unsere logische linke Gehirnhälfte ist dieses Paradoxon schwierig zu erfassen. Wir brauchen daher die Unterstützung unserer holistischen rechten Gehirnhälfte, um zu verstehen, daß Wahrheit in Form von Gegensatzpaaren in Erscheinung tritt. Es ist notwendig, diese Gegensätze zu erforschen und zu verstehen.

Ich akzeptiere
das Paradoxe in meinem Leben
und bin bereit, daraus zu lernen.

6. Februar

Das Leben ist voller Polaritäten

Das Leben ist voller Gegensätze und Polaritäten. Wenn wir fähig sind, diese Gegensätze des Lebens in uns zur Entfaltung zu bringen und ihnen Ausdruck zu verleihen, sind wir bewußte, erleuchtete, ganze Menschenwesen. Ehe wir diese Gegensätze nicht in uns vereinigt haben, sind wir unvollständig.

Alle Polaritäten
des Lebens existieren in mir.

7. Februar

Der Weg zu einer Qualität führt durch ihr Gegenteil

Um eine Energie voll ausdrücken zu können, ist es nötig, ihren Gegenpol zu integrieren. Man kann sogar sagen, daß der Weg zu einer bestimmten Qualität durch die entgegengesetzte führt. Das heißt, daß der Grad deiner Stärke davon abhängt, inwieweit du deine Schwäche oder Verletzbarkeit akzeptiert und integriert hast. Um ein großer Lehrer zu sein, mußt du bereit sein, selber zu lernen. Ein wirklich weiser Mensch ist derjenige, der auch die eigene Narrheit akzeptiert hat.

Ich öffne mich
der Erfahrung neuer Energien,
auch wenn sie das Gegenteil
von dem, was mir lieb ist, sind.

8. Februar

Das Leben konfrontiert uns mit unserem Widerpart

Meistens können wir die eine Seite einer Polarität gut annehmen und ausdrücken, die andere Seite jedoch weniger gut. Oder wir halten uns im sicheren Mittelfeld auf, weil wir vor den beiden Extremen Angst haben. Identifizieren wir uns mit dem einen Pol, führt uns das Leben zum Gegenpol hin, bevorzugen wir die Mitte, wird es uns in beide Richtungen stoßen, oder erst in die eine und dann in die andere. In vielen Fällen geschieht dies durch unsere Beziehungen. Die Menschen, mit denen wir in Beziehung stehen, sorgen meistens dafür, daß wir jenen Teil von uns verwirklichen, den wir noch nicht auszudrücken gelernt haben.

Mit welchen Eigenschaften fühle
ich mich wohl und kann ich gut
umgehen? Welche Eigenschaften
bilden ihr Gegenteil, und wie
stehe ich zu ihnen?

9. Februar

Beziehe die Gegensätze mit ein

Sich mit Polaritäten auseinanderzusetzen, heißt, daß wir auch die uns weniger lieben Seiten nicht verwerfen. Es bedeutet zu wachsen, um auch sie einzuschließen. Stell dir vor, daß du ein Kreis bist, in dem deine verschiedenen Polaritäten so angeordnet sind, daß ihre beiden Pole einander gegenüberliegen. Anstatt zu versuchen, dich von manchen Polen zu entfernen, mach den Kreis größer.

Ich wachse,
um die Polaritäten in
mein Leben miteinzubeziehen.

10. Februar

Kein Teil von uns ist negativ

Wir beurteilen manche Gefühle, Gedanken und Energien als negativ, während wir andere Aspekte von uns und dem Leben positiv bewerten. Wir versuchen, die negativen Dinge loszuwerden und nur Positives zu erleben. Aber was wir negativ nennen, sind einfach Dinge, vor denen wir Angst haben oder die wir nicht verstehen. Wir wollen uns nicht mit ihnen auseinandersetzen, also bezeichnen wir sie als negativ. Wir machen sie schlecht und versuchen, sie loszuwerden. Aber wir können nicht von ihnen loskommen, weil sie ein Teil von uns und dem Leben sind.

Ich bin gewillt,
mir meine ›negativen‹ Seiten
anzuschauen.

11. Februar

Welchen Teil von dir blockierst du?

Durch die Blockierung der Energien, die in unseren ›negativen‹ Seiten gespeichert sind und für deren Aufrechterhaltung wir noch mehr Energie brauchen, schwächen wir uns selbst. Indem wir immer mehr Energie dafür verwenden, den Deckel auf dem Topf mit unseren ›negativen‹ Aspekten geschlossen zu halten, verschwenden wir nutzlos unsere Lebenskraft. Wir sterben, weil wir unsere Energie dazu benützen, unsere Energie einzusperren!

Das Leben will uns lehren, den Deckel aufzuheben und einen Blick auf jene Teile zu werfen, die uns Angst einjagen, die wir hassen, die wir für schlimm und häßlich halten. Das Leben hilft uns, unsere versteckte Seite zu entdecken, die wir brauchen, nach der wir uns sehnen, ohne die wir nicht leben können.

Ich lerne,
alle Seiten von mir zu akzeptieren.

12. Februar

Alles im Universum sehnt sich nach Liebe

Alles, was dir nicht gefällt, was du zurückweist, was du loswerden willst, haftet um so mehr an dir. Es verfolgt dich. Es fliegt dir mitten ins Gesicht. Der Grund dafür ist, daß alles im Universum geliebt werden will. So einfach ist dieses Prinzip!

Die ganze Schöpfung will geliebt und geschätzt und ins Leben einbezogen werden. Jede Qualität oder Energie, die du nicht lebst oder ausdrückst in deinem Leben, stellt dir so lange nach, bis du sie akzeptierst und integrierst.

Gibt es irgendwen oder irgendwas,
das mich stört?
Könnte es ein Teil von mir sein,
der geliebt werden will?

13. Februar

Du bist ein Wesen mit vielen Facetten

Wir müssen akzeptieren, daß unsere Persönlichkeit aus vielen, miteinander in Widerstreit liegenden Aspekten besteht. Wir können daher nicht völlige Beständigkeit von uns erwarten, sondern müssen uns als Wesen mit vielen Facetten sehen und uns überlegen, wie wir sie alle zum Funkeln bringen können.

Ich erfreue mich
an den vielen Facetten meines Wesens.

14. Februar

Das Universum ist verliebt

Die beiden Urprinzipien des Lebens werden in der östlichen Philosophie als yin und yang – weiblich und männlich – bezeichnet. Das Pulsieren der Energie zwischen diesen beiden Polen erschafft den Tanz des Lebens.

Das weibliche Prinzip in uns bildet den empfangenden, intuitiven und fühlenden Aspekt unseres Wesens. Das männliche Prinzip äußert sich in unserer Stärke, Tatkraft und Konzentrationsfähigkeit. Wenn wir zwischen diesen beiden Aspekten Gleichgewicht, Harmonie und Einheit herstellen, wird die Verliebtheit des Universums in unserem Wesen zum Ausdruck kommen.

Die Liebe des Universums
drückt sich in meinem Leben aus.

15. Februar

Die Polaritäten in uns

Die paarweise einander zugeordneten, gegensätzlichen Eigenschaften werden auch als Polaritäten bezeichnet:

männlich	weiblich
aktiv (Tun)	passiv (Sein)
rational	intuitiv
stark	schwach
geplant	spontan
materiell	spirituell
ernsthaft	spielerisch
verantwortungsvoll	sorglos
gebend	empfangend
intellektuell	emotional

Mit welchen hiervon fühlst du dich wohl und/oder welche bringst du in deiner Persönlichkeit zum Ausdruck? Welche mußt du erst annehmen oder entwickeln?

Ich lerne,
meine gegensätzlichen Eigenschaften
anzunehmen und zu entwickeln.

16. Februar

Das Gleichgewicht zwischen Tun und Sein

Die gegensätzlichen Energien von Tun und Sein, die wir ins Gleichgewicht bringen müssen, bilden unsere Hauptpolarität. ›Sein‹ ist die Fähigkeit, in jedem Moment voll präsent zu sein, mit offener, rezeptiver Gewahrsamkeit Dinge zu erleben. ›Tun‹ ist die Fähigkeit, sich mit gezielter Aufmerksamkeit durch die Zeit zu bewegen, um eine bestimmte Aufgabe zu erfüllen.

Sein ist die Essenz der weiblichen Energie. Tun ist die Essenz der männlichen Energie. Ob Mann oder Frau, wir verfügen alle über beide Energien. Meistens liegt uns eine Energie mehr, und wir haben sie daher mehr entwickelt als die andere. Für ein ausgeglichenes Leben ist es jedoch nötig, beide voll zu entwickeln.

Heute nehme ich mir Zeit
für beide Energien: das
Tun und das Sein.

17. Februar

Lerne den Wert der Seinsenergie zu schätzen

In unserer Kultur wird die männliche Energie mehr respektiert und verstanden als die weibliche Energie. Das Tun wird höher bewertet und mehr gepflegt als das Sein. Tatsächlich wird bloßes Sein nicht als eine angebrachte oder wichtige Art und Weise, die Zeit zu verbringen, angesehen. Wenn wir nicht aktiv etwas tun, haben wir das Gefühl, die Zeit zu ›vergeuden‹. Das ist der Grund, warum die meisten von uns mehr tun, als ihre natürliche Energie zuläßt. Wir bringen uns ständig an den Rand der Erschöpfung und greifen zu Koffein und anderen Aufputschmitteln, um uns anzutreiben. Selbst Männer und Frauen, deren Seinsenergie gut entwickelt ist und die mehr Zeit auf diese Weise verbringen, respektieren sie selber wenig oder werden von ihren Mitmenschen für ihre Fähigkeit wenig respektiert. Wir müssen das Sein schätzen lernen.

Ich schätze es,
zu sein.

18. Februar

Pflege die Kunst des Seins

Es ist Zeit, die Kunst des Seins zu pflegen und zu schätzen. Das Sein schenkt uns tiefe Erfüllung und Zufriedenheit und ermöglicht uns den Kontakt mit unserem tieferen spirituellen Selbst, mit der Natur und unseren Mitmenschen. In der Zeit des Seins erneuert sich unsere Energie, und es heilen Körper und Geist. Die Zeit des Seins erfüllt uns mit Inspiration und macht unser Leben lebenswert.

Ich lerne
die Kunst des Seins.

19. Februar

Wir sind mit dem Sein nicht vertraut

Wir sind mit dem Sein so wenig vertraut, daß viele von uns Angst davor haben. Unsere Gesellschaft ist dem Tun verfallen. Wir sind darauf programmiert, immer etwas tun zu müssen, denn Zeit, die nicht produktiv verwendet wird, gilt als verschwendet. Vielleicht nehmen wir uns zwar Zeit für das Sein, werden aber ungeduldig und glauben, es passiere ohnehin nichts von Bedeutung. Das Sein nährt und füllt unsere Energien auf, so daß wir wieder in der Lage sind, zu geben und zu tun, und es ist eine Zeit, in der wir Verbindung mit unserer inneren Führung und Inspiration aufnehmen können.

Von heute an nehme ich mir
jeden Tag Zeit, um einfach nur zu sein,
anstatt immer etwas tun zu müssen.

20. Februar

Wie wir bekommen, was wir wollen

Die männliche und die weibliche Energie in uns hat jede ihren eigenen Modus, sich das zu schaffen, was sie vom Leben will. Die männliche Energie holt sich durch ihr Tun, was sie will – sie erreicht durch ihre Zielstrebigkeit ihr Ziel. Die weibliche Energie bekommt durch ihr Sein, was sie will – sie erhält das Gewünschte, indem sie sich öffnet und es quasi magnetisiert. Es ist nötig, beide Prinzipien zu entwickeln. Wir müssen sowohl ein Ziel beharrlich verfolgen und verwirklichen können, wenn dies erforderlich ist, als auch entspannt zu warten und es geschehen lassen können, wenn dies angemessen erscheint.

Ich entwickle sowohl meinen männlichen
als auch meinen weiblichen Modus, um mir
das zu schaffen, was ich vom Leben will.

21. Februar

Entdecke deinen primären Modus

Wenn es gilt, unsere lebensnotwendigen Bedürfnisse zu befriedigen, verlassen wir uns meistens auf eine der beiden Verhaltensweisen mehr als auf die andere. Entweder bevorzugen wir einen aktiven, männlichen Stil, um unsere Ziele zu verfolgen, und mißtrauen dabei den rezeptiven Verhaltensweisen, oder wir verlassen uns auf unsere weibliche Energie, um das Gewünschte anzuziehen, und finden wenig Gefallen an dem direkteren männlichen Modus. Wie dem auch sei, wir müssen uns einerseits über unseren primären Modus bewußt werden, dürfen aber andererseits auch die Entwicklung des gegensätzlichen Modus nicht aus den Augen verlieren.

Welchen primären Modus
benutze ich zur Erreichung
meiner Ziele?

22. Februar

Entwickle auch deinen anderen Modus

Wenn du gut in der aktiven Verfolgung deiner Ziele bist, wirst du wahrscheinlich die Fähigkeit zu entspannen und die Dinge auf dich zukommen zu lassen entwickeln müssen. Neigst du jedoch eher zur Zurückhaltung, um abzuwarten, was auf dich zukommt, dann könnte es notwendig sein, daß du riskierst, deine Ziele aktiver zu verfolgen. Lern auch deine andere Seite kennen.

Du kannst entweder nur die eine der nachstehenden Affirmationen benutzen, um den dir weniger vertrauten Modus zu entwickeln, oder beide verwenden:

Ich lerne zu erreichen,
was ich mir wünsche, durch:
a) zielstrebiges, aktives Tun
b) entspanntes, rezeptives Sein

23. Februar

Zu viel Auswahl

Heutzutage können die meisten von uns zwischen so vielen Möglichkeiten wählen, daß es für sie zu einem echten Problem wird. Manchmal ist es schwierig, die notwendigen Entscheidungen zu treffen, die uns das Leben erleichtern würden, weil wir Angst haben, daß wir etwas versäumen könnten, wenn wir etwas ausschlagen. Wir möchten am liebsten überall sein und alles tun. Das ist der Ausdruck unserer überaktiven, männlichen Energie. Unsere männliche Energie sucht Befriedigung im Erforschen und Entdecken äußerer Gegebenheiten. Es ist eine wunderbare Energie, es sei denn, sie gerät aus dem Gleichgewicht.

Ich lerne,
mich für das Wesentliche
zu entscheiden.

24. Februar

Finde zur Einfachheit

Um ins Gleichgewicht zu kommen, müssen wir in uns gehen und mit unserer weiblichen Energie Verbindung aufnehmen. Die weibliche Energie findet ihre Erfüllung und ihr Auskommen von innen heraus, von Moment zu Moment. Sie verbindet uns mit unserer inneren Quelle. Von hier aus können wir fragen: »Was will und brauche ich wirklich? Welche Richtung muß ich tatsächlich einschlagen?« Wir können bestimmen, welche Tätigkeit sinnvoll ist, und den Rest lassen. Unser Leben wird einfacher und erfüllter werden.

Welche Prioritäten
setze ich heute?
Kann ich einige Dinge,
die nicht so wichtig sind,
sein lassen?

25. Februar

Das Leben braucht kein ständiger Kampf zu sein

Wir haben von unseren Vorfahren die tiefe innere Überzeugung geerbt, daß das Leben ein ständiger Kampf sei und wir daher große Anstrengungen unternehmen müßten, um unsere Ziele zu erreichen und unsere Bedürfnisse befriedigen zu können. Daß dies nicht so sein muß, können viele von uns nicht verstehen, weil ihnen alles, was nicht mit Kampf zu tun hat, sonderbar und fremd vorkommt. Es ist Zeit, daß wir mit dem Kämpfen aufhören und zulassen, daß unser Leben leichter wird. Natürlich gibt es in jedem Leben Zeiten der Herausforderung und der Schwierigkeiten. Doch im Grunde sollte das Leben einen einfachen, natürlichen Verlauf nehmen.

Heute lasse ich von
meinem Bedürfnis nach Kampf ab.
Ich lasse zu, daß mein
Leben ab jetzt leichter wird.

26. Februar

Wir sind süchtig nach Kampf

Das Kämpfen liegt uns im Blut. In einer Weise ist es bequem, denn wir sind gute Kämpfer. Sich mit Herausforderungen herumzuschlagen, Ziele anzupeilen — das ist leicht für uns. Aber wenn die Dinge anfangen, uns in den Schoß zu fallen, die wir uns immer gewünscht haben, kann uns dies leicht aus der Fassung bringen. Ein Teil von uns wird sagen: »Halt, wo bleibt der Kampf? Ist das in Ordnung, daß alles so leicht geht?« Es kann uns verwirren oder sogar Angst machen. »Ohne Fleiß kein Preis« hat man uns immer gesagt, und wenn alles leichter wird, erfaßt uns ein Unbehagen. Die Dinge auf uns zukommen zu lassen und anzunehmen, was wir uns immer gewünscht haben, kann eine Herausforderung sein.

Es ist in Ordnung,
daß mir das Leben leichtfällt.

27. Februar

Krankheit kann ein Zeichen sein, daß du Zeit für das Sein brauchst

Wenn du dir nicht so viel Zeit zur Entspannung gönnst, wie du brauchst, kann es sein, daß dein Körper sie sich nimmt, indem er einfach krank wird. Oder du fühlst dich schlecht gelaunt, müde und energielos. Leute, die nicht wissen, wie sie sich eine Zeit der Ruhe und des Seins nehmen sollen, oder sich keine gönnen, müssen oft erleben, daß ihr Körper sich weigert, auf diese Art weiterzumachen.

Meistens werden wir krank, wenn es an der Zeit ist, leiser zu treten, eine Ruhepause einzulegen, in uns zu gehen, einen inneren Wandel zu vollziehen oder uns einfach zu erholen, um die verbrauchte Energie wieder aufzufüllen.

Ich höre auf meinen Körper.
Ich gönne mir die Ruhe,
die ich brauche.

28. Februar

Langeweile

Wir empfinden Langeweile, wenn unsere Lebenskraft auf irgendeine Weise blockiert ist. Der übliche Grund dafür ist, daß wir Gefühle, die uns unangenehm sind, nicht zulassen wollen, und sie sich hinter unserer Langeweile, daher Traurigkeit, Kummer, Ärger oder Angst, verbergen können. Jedesmal, wenn wir unsere Gefühle unterdrücken, blockieren wir die Lebenskraft, woraus ein Empfinden von Langeweile resultieren kann.

Das Leben ist nie langweilig. Wenn wir Langeweile empfinden, so deshalb, weil wir feststecken — unsere Energie steckt oder ist irgendwie blockiert. Wir müssen uns deshalb fragen: »Warum blockiere ich mich? Welches Gefühl unterdrücke ich?«

Sooft mir langweilig ist,
versuche ich zu entdecken,
welche Gefühle sich dahinter
verstecken.

29. Februar

Verschwende deine Zeit!

Für viele von uns ist ›Zeitverschwendung‹ die größte Sünde. Wenn das auf dich zutrifft, kann es bewußtseinserweiternd für dich sein, dich wöchentlich einige Zeitlang einer völlig bedeutungslosen Beschäftigung hinzugeben. Wähle etwas, das dir Spaß macht, sonst aber keinerlei Wert hat – schmökere in irgendwelchen Zeitschriften, spiel irgendein Spiel oder bleib im Bett. Tu, was dir gefällt, ohne Schuldgefühle zu haben. Du hast es dir verdient.

Manches Mal
verschwende ich meine Zeit
für irgendeine angenehme Zerstreuung.

1. März

Laß die Gefühle fließen

Nur wenige verstehen es, mit ihren Gefühlen auf natürliche und gesunde Weise umzugehen. Wir leben in einer Kultur, die vor Gefühlen Angst hat. Wir haben alle gelernt, unsere Gefühle zu leugnen, zu unterdrükken, zu manipulieren oder zu versuchen, sie zu verändern. Wir halten an gewissen Gefühlsmustern fest, weil sie uns sicher und vertraut erscheinen, und bleiben auf diese Weise stecken. Was wir nicht können, ist, einfach unsere Gefühle zu akzeptieren, zu respektieren und ihnen zu erlauben, in ihrem eigenen Rhythmus durch uns durchzufließen.

Ich lerne,
mich dem Rhythmus meiner Gefühle
anzuvertrauen.

2. März

Gefühle sind wie das Wetter

Gefühle sind so wechselhaft und veränderlich wie das Wetter – manchmal dunkel, manchmal hell, zuweilen wild und intensiv, dann wieder still und ruhig. Der Versuch, unseren Gefühlen zu widerstehen, ist wie der Versuch, das Wetter zu beherrschen – ein fruchtloses Bemühen! Außerdem könnte es sein, daß uns das Leben nach einiger Zeit langweilig vorkommt, wenn wir immer nur sonnige Tage erleben. Nur wenn wir die Schönheit von Regen, Wind und Schnee genauso zu schätzen wissen wie die Sonne, werden wir imstande sein, das Leben in seiner ganzen Fülle zu erleben.

Ich akzeptiere und schätze
die Veränderungen meiner
inneren ›Wetterlage‹.

3. März

Durch den Willen kannst du deine Emotionen nicht verändern

Die mentale und die emotionale Ebene funktionieren auf ziemlich verschiedene Art. Mental kannst du einen bestimmten Grad von Kontrolle ausüben. Du bist in der Lage, deine Gedanken für eine gewisse Zeitspanne auf eine bestimmte Weise zu konzentrieren, was einen Unterschied in deinem Leben machen kann. Aber deine Emotionen kannst du durch den Willen nicht verändern, denn sie haben nichts mit ihm zu tun. Emotionen kannst du nur annehmen, erleben und ausdrücken. Das ist der Schlüssel für den Umgang mit Emotionen. Umdenken ist gut, aber es ist nicht gut, wenn du versuchst, deine Emotionen zu verändern.

Ich lerne
zu fühlen und meine
Emotionen auszudrücken.

4. März

Wir können bestimmte Gefühle nicht erzwingen

Das größte Mißverständnis in bezug auf Freude, Liebe und die ›positiven‹ Gefühle ist die Vorstellung, daß wir fröhlich oder voller Liebe sein können, wenn wir uns nur genügend *bemühen* oder es *wollen.* Die Menschen versuchen, diese Gefühle zu erzwingen, sie wollen keine Angst oder Traurigkeit fühlen, sondern nur Freude und Liebe.

Unglücklicherweise kann man Gefühle nicht auf Befehl oder Wunsch erzeugen. Liebe und Freude sind das natürliche Ergebnis unserer Bereitschaft, alle Emotionen zu fühlen, die emotionalen Wunden zu heilen und alle unsere Facetten zum Ausdruck zu bringen.

Liebe und Freude
sind das natürliche Ergebnis
meiner Bereitschaft, auch alle
anderen Gefühle zu akzeptieren.

5. März

Es gibt keine negativen Gefühle

Wir bezeichnen die Gefühle als negativ, die wir fürchten und daher nicht erleben wollen. Alle Gefühle sind ein natürlicher Teil des Lebens und erfüllen eine bestimmte Funktion in unserem Leben. Wenn wir ein Gefühl zulassen, sobald es auftritt, können wir aus dieser Erfahrung etwas lernen, und es geht ziemlich schnell vorbei.

Wenn wir dagegen versuchen, ein Gefühl zu vermeiden, zu unterdrücken oder zu leugnen, bleibt es stecken. Es wird übermächtig und verhindert, daß wir noch irgend etwas anderes fühlen können. Jedesmal, wenn wir versuchen, einer sogenannten ›negativen‹ Emotion auszuweichen, blocken wir uns ein bißchen mehr ab. Auf diese Weise entziehen wir uns auch den positiven Gefühlen.

Ich lasse
alle meine Gefühle zu.

6. März

Um Freude zu empfinden, spüre deine Traurigkeit

Wenn du mehr Freude in deinem Leben empfinden willst, mußt du bereit sein, deine Traurigkeit voll zu erleben, wenn sie dich überkommt. Wenn du Traurigkeit in dir zurückhältst, so schleppst du eine schwere Last mit dir herum, und deine Versuche, glücklich zu sein und das Leben zu genießen, werden oberflächlich erscheinen. Steckt noch ein alter Rest von Traurigkeit in dir, mit dem du dich nie befaßt hast, so laß dich in das Gefühl hineingleiten. Tränen sind der Fluß des Lebens, der deine Wunden lindert und deinen Schmerz hinwegwäscht. Unsere Traurigkeit zu spüren, erlaubt unseren Herzen, sich zu öffnen, so daß wir lieben und geliebt werden können. Freude ist die unvermeidliche Folge, wenn wir dem Fluß des Lebens gestatten, ungehindert durch uns zu fließen.

Ich bin bereit,
meine Traurigkeit und
meine Freude zu fühlen.

7. März

Erlaube dir zu trauern

Wir trauern um den Verlust eines geliebten Wesens oder einer Sache, die wir lieben. Es ist lebenswichtig, daß du dir zu trauern erlaubst, wenn du in deinem Leben einen Verlust – sei er groß oder klein – erlitten hast. Wenn du zu gegebener Zeit deiner Trauer freien Lauf läßt, wirst du ein Gefühl tiefen, inneren Friedens erfahren. Trauer kommt in Wellen, es kann also sein, daß du viele Male durch diesen Zyklus durchgehen mußt. Wenn es sich um einen ernsten Verlust handelt, wie den Tod eines geliebten Menschen oder das Ende einer wichtigen Beziehung, können diese Wellen jahrelang in immer länger werdenden Abständen wiederkehren. Nur wenn du diesen Trauerprozeß voll zuläßt, gibst du dir die Möglichkeit, das Alte allmählich loszulassen, um dich dem Neuen, das in dein Leben kommen will, öffnen zu können.

Ich erlaube mir, um meine Verluste zu trauern.
Allmählich, in meinem eigenen Rhythmus, lasse
ich das Alte los und heiße das Neue willkommen.

8. März

Um lieben zu können, mußt du deinen Zorn fühlen

Wenn du mehr Liebe empfinden möchtest, mußt du dir erlauben, zornig zu sein. Wenn du Angst vor Zorn hast, finde einen guten Therapeuten (der keine Angst vor Zorn hat), der dir hilft zu lernen, wie du auf sichere, konstruktive Art mit Zorn umgehen kannst. Hinter deinem Zorn steckt immer eine Verletzung, die man dir zugefügt hat. Sobald du diese Verletzung aufdeckst, kann die Wunde heilen. Vielleicht wirst du sogar Liebe und Mitgefühl für die Person empfinden, der du gezürnt hast.

Wir befinden uns in einem natürlichen Zustand der Liebe, wenn wir uns nicht durch unterdrückte Emotionen blockieren. Wenn wir mit unseren eigenen Gefühlen Frieden schließen, werden wir auch Respekt vor den Gefühlen unserer Mitmenschen haben und Liebe für sie empfinden.

Ich lerne meinen Zorn zu spüren
und ihn in angemessener und
konstruktiver Weise auszudrücken.

Gefühle haben auch einen körperlichen Aspekt

Jedes Mal, wenn du eine Emotion nicht voll durchlebst, weil du selbst oder andere es dir nicht erlauben, wird die Energie dieser Emotion gestoppt und in deinem Körper aufgestaut. Dort bleibt sie, es sei denn, du kannst zurückgehen und sie noch einmal durchleben. Dann wird der energetische Block aufgelöst, und der Körper ist befreit und gereinigt. Tatsächlich kommen sämtliche körperlichen Gebrechen von solchen Blockaden, energetischen Mustern, die mit unseren emotionalen Mustern verbunden sind.

Ich fühle
alle emotionalen Energien
in meinem Körper und löse sie auf.

10. März

Respektiere deine Angst

Viele Leute möchten ihre Ängste überwinden oder loswerden, weil sie in ihnen ein Hindernis sehen, das zu erreichen, was sie wirklich wollen: Vertrauen, Wachstum und Freiheit.

Doch so wie alles, müssen wir auch unsere Angst respektieren und als einen Teil unseres Lebens betrachten, der durchaus seine Berechtigung hat. Es gilt nicht, sie loszuwerden, sondern sie anzuerkennen und mit ihr zu arbeiten. Wir brauchen uns nicht vor unserer Angst zu fürchten! »Das einzige, was wir fürchten müssen, ist die Furcht vor der Furcht selbst«, müßte es heißen, wenn wir einen Ausspruch von Franklin Roosevelt sinngemäß in etwas veränderter Form wiedergeben.

Ich lerne,
meine Ängste zu respektieren,
und nehme sie an.

11. März

Angst kann berechtigt sein

Angst und Liebe entsprechen den beiden metaphysischen Prinzipien von Kontraktion und Expansion. Angst ist im Grunde ein Zusammenziehen oder Zurückziehen von etwas. Wenn wir etwas Heißes berühren, zuckt unser Körper zusammen, um uns vor einer Verletzung zu bewahren. Die natürliche und berechtigte Funktion der Angst ist, zu bewirken, daß wir uns sozusagen etwas ›zusammenziehen‹ und Vorsicht walten lassen, wenn uns eine Situation fremd ist, bis wir wissen, worum es sich handelt und wie wir damit umgehen können.

Was sind meine Ängste?
Könnte sich in manchen
eine berechtigte Warnung
verstecken?

12. März

Wir haben viele innere Persönlichkeiten

Die meisten von uns glauben, sie müßten eine beständige Persönlichkeit sein, und wundern sich, warum sie manchmal so unbeständig sind. Heute fühlen wir uns so und morgen ganz anders. Manchmal fühlen wir uns schon von einer Minute zur anderen völlig verschieden.

Tatsächlich haben wir in unserem Inneren viele verschiedene Persönlichkeiten mit unterschiedlichem Charakter. Um unsere inneren Konflikte und unsere Unbeständigkeit zu verstehen, ist es notwendig, daß wir diese inneren Persönlichkeiten, Subpersönlichkeiten oder verschiedenen Stimmen kennenlernen.

Ich entdecke
meine inneren Persönlichkeiten.

13. März

Der wichtigste Schritt ist innere Gewahrsamkeit

Der Prozeß der Bewußtwerdung verlangt, daß wir unsere vielen Subpersönlichkeiten kennenlernen, sie ins Gleichgewicht bringen und in unsere Persönlichkeit integrieren. Der wichtigste und schwierigste Schritt ist, sich ihrer bewußt zu werden und sie als verschiedene innere Stimmen zu erkennen. Sobald wir diese innere Gewahrsamkeit zu entwickeln beginnen, können wir nicht mehr unbewußt zum Spielball einer unserer Subpersönlichkeiten werden. Erst dann sind wir imstande, bewußte Entscheidungen in unserem Leben zu treffen.

Ich werde mir
meiner inneren Stimmen
bewußt.

14. März

Jede Subpersönlichkeit hat ihren eigenen Blickwinkel

Jede unserer Subpersönlichkeiten hat eine Reihe eigener Bedürfnisse und Wünsche, ihren eigenen Standpunkt und eigene Ansichten. Oftmals widersprechen sie sich untereinander. Ein Teil von uns kann zum Beispiel überzeugt sein, daß es nichts Wichtigeres gibt, als hart zu arbeiten und erfolgreich zu sein. Und wenn dieser Teil unbewußt sein Spiel mit uns treibt, werden wir die ganze Zeit arbeiten. Auf der anderen Seite gibt es eine Persönlichkeit in uns, die einfach nur das Leben genießen will. Beide Stimmen sind wichtig, und jede hat ihren Platz in unserem Leben. Unsere Aufgabe ist es, das richtige Gleichgewicht zwischen beiden zu finden.

Ich bringe meine widersprüchlichen
Persönlichkeiten ins Gleichgewicht.

15. März

Dominierende Persönlichkeiten und untergeordnete Persönlichkeiten

Mit bestimmten Subpersönlichkeiten identifizieren wir uns besonders stark. Diesen erlauben wir unbewußt, unsere Entscheidungen zu treffen und unser Leben zu beherrschen. Wir bezeichnen sie auch als dominierende Persönlichkeiten. Im Gegensatz zu ihnen stehen die von uns unterdrückten Subpersönlichkeiten, die wir untergeordnete Persönlichkeiten nennen.

Zum Beispiel kann es sein, daß unsere dominierenden Persönlichkeiten großen Wert auf Ordnung und Vorausplanung legen, während unsere untergeordneten Persönlichkeiten vielleicht kreativ, chaotisch und spontan sind (oder umgekehrt).

Was sind meine dominierenden Persönlichkeiten?
Was sind meine untergeordneten Persönlichkeiten?

16. März

Gleichgewicht

Je mehr dir deine dominierenden Subpersönlichkeiten bewußt werden, desto weniger wirst du dich unbewußt mit ihnen identifizieren. Du wirst merken, daß du beginnst, dich mehr und mehr für deine untergeordneten Persönlichkeiten zu öffnen. Es werden andere Seiten von dir zum Vorschein kommen und mehr Raum in deinem Leben für sich beanspruchen. Viele Aspekte deines Lebens werden ins Gleichgewicht kommen, wenn du zuläßt, daß sich dieser Prozeß ganz natürlich vollzieht.

Alle Aspekte
meines Lebens kommen ins
Gleichgewicht.

17. März

Respektiere alle deine inneren Persönlichkeiten

Jede unserer inneren Persönlichkeiten ist ein Teil unseres Wesens. Es ist sehr wichtig, daß wir sie alle kennenlernen und respektieren. Wenn wir *alle* Subpersönlichkeiten zum Ausdruck bringen, können wir ins Gleichgewicht kommen, anstatt uns immer nur mit dem einen Pol zu identifizieren. Wenn wir bei jedem Gegensatzpaar beide Pole erforschen, werden wir in der Lage sein, unter unseren verschiedenen Persönlichkeiten zu wählen und sie im richtigen Moment einzusetzen.

Je mehr ich meine inneren Persönlichkeiten
erforsche und kennenlerne, desto mehr
respektiere und schätze ich sie.

18. März

Jede Stimme ist wichtig

Anfangs mag es schwierig sein, manche der Subpersönlichkeiten zu akzeptieren. Zum Beispiel könnte es uns unangenehm sein, entdecken zu müssen, daß es in unserem Inneren eine zornige Stimme gibt. Wir haben sie ein Leben lang unterdrückt und nicht beachtet, und dadurch wurde sie nur noch zorniger. Nie haben wir ihr zugehört und ihr Gelegenheit gegeben, ihre Gefühle auszudrücken. Finden wir Wege, um unseren Zorn zu spüren und in angemessener Weise zum Ausdruck zu bringen. Hinter unserem Zorn werden wir eine selbstbewußte Persönlichkeit entdecken, die für uns sorgen will, indem sie sich für uns einsetzt und uns fragt, was wir brauchen. Das ist eine wichtige Stimme, die zu unserem Leben gehört.

Ich akzeptiere
alle meine inneren Stimmen.

19. März

Jede innere Persönlichkeit bringt eine Gabe

Jede innere Persönlichkeit hat ihren Platz in unserem Leben und eine Gabe für uns. Es gibt keinen Teil in uns, der seinem Wesen nach böse ist. Wenn du dich mit einer Subpersönlichkeit identifizierst, die anderen gerne gibt, hast du ihr deine selbstsüchtige Seite vielleicht völlig untergeordnet, weil du diesen Teil von dir für böse hältst. Doch ohne ihn wirst du möglicherweise zu einem sich aufopfernden Märtyrer, der nur für die anderen sorgt, nicht aber für sich selbst. Dir jenes Teiles bewußt zu sein, der für unsere inneren Bedürfnisse zuständig ist, heißt nicht, daß du eine selbstsüchtige Person bist, sondern wird dir helfen, deine Bedürfnisse wahrzunehmen und so dein Gleichgewicht zu finden. Wir müssen alle Aspekte von uns kennen, akzeptieren und lieben, damit wir jede Gabe nützen und schätzen können.

Ich lerne erkennen,
welche Gabe mir jede Persönlichkeit
zu bieten hat.

20. März

Stell dir deine inneren Persönlichkeiten als eine Familie vor

Im Zuge des Kennenlernens deiner inneren Persönlichkeiten kannst du sie dir als deine innere Familie vorstellen. Wie in den meisten Familien gibt es eine Menge Streit, aber auch viel Liebe. Laß jedes Mitglied deiner inneren Familie seine Rolle spielen und zolle ihm den Respekt, der ihm für die Rolle, die er in deiner Familie spielt, gebührt, so daß es schließlich zu einem harmonischen Zusammenleben kommen kann.

Ich schätze und respektiere
jedes Mitglied meiner inneren
›Familie‹.

21. März

Stell dir deine inneren Persönlichkeiten als ein Komitee vor

Eine andere interessante Metapher für deine inneren Persönlichkeiten ist, sie dir als ein Komitee vorzustellen. Wenn du dich als ein Komitee siehst, wirst du begreifen, warum es dir manchmal so schwerfällt, eine Entscheidung zu treffen oder eine Arbeit zu vollenden. Wir wissen alle, was passiert, wenn ein Komitee einen Beschluß fassen soll. Jedes Mitglied hat einen anderen Vorschlag, und nur allzu oft geschieht am Ende gar nichts. Wenn es dir gelingt, sämtliche Mitglieder deines inneren Komitees kennenzulernen, und du ihnen erlaubst, ihre Vorschläge einzubringen, dann kannst *du,* als eine bewußte Person, anfangen, die Entscheidungen zu treffen, anstatt irgendeinem Teil von dir die Kontrolle zu überlassen.

Ich erlaube,
daß jedes Mitglied meines inneren Komitees
angehört wird; dann treffe ich selbst
die Entscheidung.

22. März

Das Schutz- und Kontrollorgan

Viele unserer Subpersönlichkeiten sind Verteidigungsmechanismen, die wir als Hilfe zum Überleben in der Welt entwickelt haben. Unser Schutz- und Kontrollorgan zum Beispiel ist eine konservative Stimme, die uns zu beschützen versucht, indem sie sich vergewissert, daß wir die Regeln einhalten und uns so benehmen, daß wir unsere Sicherheit nicht gefährden. Dieser Teil von uns weigert sich gegen jede Veränderung, weil er sich sicherer fühlt, wenn wir alles so machen, wie wir es immer gemacht haben. Ihm muß schonend beigebracht werden, daß die Veränderungen, die wir vornehmen, weder unsinnig noch gefährlich sind.

Es ist sicher für mich,
zu wachsen und mich zu
verändern.

23. März

Der Gefallsüchtige

Der Gefallsüchtige ist jener Teil unserer Psyche, der immer sicher sein will, daß wir uns so benehmen, daß jeder uns gut leiden mag, uns beipflichtet und uns nie böse ist. Er ist ein Experte im Herausfinden, was andere Leute haben wollen, und versucht, allen alles rechtzumachen. Der Gefallsüchtige ist bereit, für Liebe und Zustimmung alles zu tun. Leider hindert er uns am Ausdrücken unserer wirklichen Gefühle und Gedanken, besonders wenn er vermutet, daß irgendeine wichtige Persönlichkeit sich darüber ärgern oder nicht derselben Meinung sein könnte. Je mehr wir uns selber lieben und schätzen lernen, desto weniger wird der Gefallsüchtige sich darüber Sorgen machen, was andere Leute von uns denken.

Ich liebe
und schätze mich.

24. März

Der Perfektionist

Viele von uns glauben, daß Perfektion ein erreichbares Ziel sei. Der Grund dafür ist, daß wir eine starke innere Stimme haben, die ›Perfektionist‹ genannt wird. Der Perfektionist betrachtet es als seine Aufgabe, unglaublich hohe Maßstäbe für alles zu setzen: Unsere Erscheinung, unser Benehmen, unsere Arbeit und alles, was sonst noch mit unserem Leben zusammenhängt. Unsere Perfektionistenstimme kann uns in eine positive Richtung lenken, sie kann aber auch so hohe Maßstäbe setzen, daß es unmöglich ist, sie zu erreichen. Wir können unseren inneren Perfektionisten für seine wohlmeinenden Versuche, uns vollkommen zu machen, schätzen, aber wir müssen aufhören, von uns zu erwarten, das Unmögliche zu vollbringen.

Ich brauche nicht zu versuchen,
vollkommen zu sein.
Ich akzeptiere mich, wie ich bin.

25. März

Der Perfektionist sucht Liebe

Der innere Perfektionist stammt aus unserer Kindheit. Wir hoffen, die uns als Kind vorenthaltene Liebe und Wertschätzung zu bekommen, indem wir es zu irgend etwas Besonderem bringen. Wir müssen uns die Ziele des Perfektionisten bewußt machen, für die wir so große Anstrengungen unternommen haben. Dann können wir uns Ziele und Maßstäbe setzen, die realistischer und angemessener sind, und lernen, uns um unser selbst willen zu lieben.

Ich liebe mich,
so wie ich jetzt bin.
Ich setze mir Ziele, die realistisch
und erreichbar sind.

26. März

Der Antreiber

Unser innerer Antreiber hetzt uns, damit wir so viel schaffen, wie wir können. Der Antreiber stellt gerne Listen über die zu erledigenden Arbeiten auf, und für ihn ist das Wichtigste, daß alles gemacht wird. So wie der Perfektionist ist er sich nicht bewußt, daß er etwas Unmögliches verlangt. Er sieht nicht, daß es noch andere wichtige Dinge im Leben gibt, wie Entspannung und Zärtlichkeit. Unsere Kultur, die großen Wert auf Produktivität und Leistung legt, unterstützt den Antreiber.

Wenn wir uns des inneren Antreibers bewußt werden und eine Distanz zu ihm gewinnen, so kann dies eine dramatische Veränderung in unserem Leben bewirken.

Ich höre auf,
mich selbst anzutreiben.
Ich kann meine Ziele auf eine
gelassene Weise erreichen.

27. März

Der innere Kritiker

Der innere Kritiker ist die Stimme, die uns ständig informiert, daß wir etwas falsch machen, welche Fehler wir schon gemacht haben und wahrscheinlich noch machen werden, wie sehr unsere Erscheinung zu wünschen übrigläßt und wie unzulänglich wir ganz allgemein sind. Das Leben vieler Menschen wird unbewußt von ihrem inneren Kritiker beherrscht (oder einer Kombination von Perfektionist-Antreiber-Kritiker). Es ist eine große Erleichterung, wenn wir beginnen, unseren inneren Kritiker wahrzunehmen und Abstand von ihm gewinnen, so daß wir erkennen, daß nicht alles unbedingt stimmen muß, was er uns erzählt.

Ich bin
ganz in Ordnung.

28. März

Der innere Kritiker versucht dich zu beschützen

Die Funktion des inneren Kritikers ist, das Kind vor einem Verhalten zu schützen, das Kritik, Angriff, Strafe, Ablehnung oder Zurückweisung seitens der Umwelt zur Folge hat. Der innere Kritiker wurde aus der Kritik geboren, die wir in unserer Kindheit von seiten unserer Eltern und Erzieher erfuhren. Als Erwachsene haben wir es nicht notwendig, uns ständig sagen zu lassen, wie wenig wir seinen Anforderungen entsprächen, und unser Selbstbewußtsein durch seine ständige Kritik untergraben zu lassen.

Es ist Zeit, daß du dir deines inneren Kritikers bewußt wirst, damit er nicht mehr automatisch dein Leben beherrschen kann. Es braucht eine Weile, um den inneren Kritiker zu heilen, aber es ist möglich!

Ich werde mir
meines inneren Kritikers
bewußt.

29. März

Die Heilung des inneren Kritikers

Den inneren Kritiker zu heilen, ist eine Herausforderung. Es hilft nichts, zu versuchen, ihn zum Verstummen zu bringen, dadurch wird er nur stärker. Der Schlüssel ist, sich seiner bewußt zu werden. Wenn du erkennst, daß es nur eine Stimme ist und nicht die absolute Wahrheit, kannst du dich selbst fragen: »Ist das wahr? Muß ich das glauben? Soll ich mich dadurch aufhalten oder beherrschen lassen?«

Hinter seiner Negativität hat der Kritiker oft ein Körnchen Wahrheit aufzuweisen. Laß den Kritiker wissen, daß du seinen Standpunkt zu schätzen weißt, daß du aber nicht gewillt bist, dich weiterhin kritisieren zu lassen.

Ich heile
meinen inneren Kritiker.

30. März

Der gesunde innere Kritiker

Die eigentliche Funktion des inneren Kritikers ist die Unterscheidung: Was angebracht ist und was nicht, was besser und was schlechter ist. Für ein Leben in der Gemeinschaft brauchen wir diese Fähigkeit, denn wir müssen wissen, welche Folgen unser Verhalten hat, um uns danach richten zu können. Eine gesunde kritische Instanz in unserem Inneren würde zum Beispiel sagen: »Dieses Kleid steht dir besser als das andere«, oder »Deine gestrige Rede könntest du noch auf die und die Art verbessern«. In anderen Worten, dieser Teil von uns ist fähig, Wege zur Verbesserung zu erkennen und aus unserem Verhalten zu lernen.

Ich lerne
zu unterscheiden, anstatt
zu kritisieren.

31. März

Kultiviere eine positive innere Stimme

Sobald du dir deines inneren Kritikers bewußt wirst, beginne mit der Kultivierung einer Gegenstimme. Diese Stimme braucht nicht zu versuchen, den Kritiker loszuwerden, sondern muß nur ein Gegengewicht schaffen, indem sie dich unterstützt und ermutigt. Sie kann wie die positive Stimme eines Elternteils sein, der sagt: »Du bist tüchtig. Schau, welche Fortschritte du schon erzielt hast!« Affirmationen sind ein Weg, um eine positive innere Stimme zu kultivieren, die den negativen Botschaften deines Kritikers entgegenwirkt. Affirmationen können sehr wirkungsvoll sein, besonders bei regelmäßiger Anwendung.

Ich lerne,
mich selbst zu unterstützen
und zu ermutigen.

1. April

Nimm Spaß ernst!

Wenn du nur auf Vergnügen und Lustbarkeiten aus bist, wird dir dein Leben sinnlos erscheinen. Andererseits, wenn du das Leben zu ernst nimmst und dir keinen Spaß und keine Freude gönnst, wirst du ebenfalls ein Gefühl der Leere empfinden. Der Schlüssel ist, zwischen Ernsthaftigkeit und Spaß ein Gleichgewicht zu schaffen.

Wenn man ernsthaft einen Weg der Bewußtwerdung geht, kann es manchmal schwerfallen, sich an den Spaß im Leben zu erinnern. Nimm daher das Spaßmachen ernst! Überleg dir, was dir Spaß macht, woran du Freude hast, worüber du lachen kannst. Mach zumindest einmal am Tag etwas Lustiges.

Ich erlaube mir
täglich einen
Scherz.

2. April

Das innere Kind

Eine unserer wichtigsten Persönlichkeiten, die es kennenzulernen gilt, ist unser inneres Kind. Das Kind lebt im Inneren von uns allen. Tatsächlich haben wir viele verschiedene Kindesenergien in uns, eine aus jedem Lebensalter, das wir durchschritten haben. Unser inneres Kind hat viele Aspekte. Es ist Träger unserer Sensitivität, unserer Gefühle, unserer Kreativität und vieler anderer Eigenschaften.

Ich lerne
mein inneres Kind mit
allen seinen Aspekten
kennen.

3. April

Das innere Kind ist tief in uns begraben

Die spirituelle Essenz kommt in die menschliche Form und wird als Kind geboren. Weil ein Kind äußerst sensitiv und verletzbar und die Welt keine sichere oder angenehme Umgebung für es ist, beginnt es sofort, Verteidigungs- und Überlebensmechanismen zu entwickeln — Verhaltensweisen, die es schützen und die Befriedigung seiner Bedürfnisse gewährleisten. Diese Mechanismen werden zu den verschiedenen Subpersönlichkeiten, die zusammen die Struktur der Persönlichkeit bilden. Schließlich werden das Kind und die spirituelle Essenz unter der komplexen und starren Persönlichkeitsstruktur begraben. So leben wir unbewußt unsere Verteidigungs- und Überlebensmechanismen aus und vergessen, daß ihr ursprünglicher Zweck der Schutz und die Sorge für das Kind war.

Ich erkenne
das Kind tief in meinem
Inneren.

4. April

Das verletzbare Kind

Das verletzbare Kind ist der emotionale Kern unseres Wesens. Es trägt unsere tiefsten Gefühle und ist äußerst sensitiv, liebevoll und leicht zu verletzen oder zu erschrecken. Es lebt tief in unserem Inneren und reagiert ständig, ob wir uns dessen bewußt sind oder nicht, auf alles, was uns zustößt, je nachdem, ob es sich sicher und geliebt oder bedroht, zurückgewiesen oder verlassen fühlt. Es braucht eine Menge Liebe, Fürsorge und Sicherheit. Oft wurde unser verletzbares Kind durch unsere unterschiedlichen Lebenserfahrungen verwundet und bedarf besonderer Aufmerksamkeit und Heilung.

Ich liebe und heile
mein verletzbares
Kind.

5. April

Das verspielte Kind

Das verspielte Kind ist jener Teil von uns, der es versteht, vergnügt zu sein. Es spielt und lacht gern und hält immer nach Wegen Ausschau, um Kurzweil zu treiben. Manchen Erwachsenen ist es gelungen, mit ihrem verspielten Kind in Verbindung zu bleiben, das sind diejenigen, die sich zu vergnügen wissen. Aber die meisten von uns haben im Zuge des Erwachsenwerdens ihr verspieltes Kind entmachtet. Ohne es wird unser Leben trübsinnig. Wir müssen daher die Verbindung zu unserem natürlichen, verspielten, inneren Kind, das unserem Leben Glanz verleiht, wieder herstellen.

Ich spiele
und scherze gern.

6. April

Das magische Kind

Wir haben auch ein magisches Kind in uns, das auf natürliche Weise mit den unsichtbaren Energien des Universums in Einklang steht. Es liebt die Natur, wo es mit dem Geist der Pflanzen und Tiere, den Elfen und Naturgeistern Verbindung aufnehmen kann. Es liebt Tagträume und läßt gern seine Vorstellungskraft spielen. Es hat seine Freude an magischen Dingen wie Zauberstäben und Kristallen. Als Erwachsene haben wir dieses Kind entmachtet, weil wir fürchten, daß es närrisch und dumm ist. Mit diesem magischen Kind wieder in Berührung zu kommen, kann eine unglaubliche Erfahrung sein, die Staunen und Begeisterung in unser Leben zurückbringt, weil das Leben magisch ist.

Ich fühle
das Wunder und den
Zauber des Lebens.

7. April

Das weise Kind

Ein anderer Aspekt unseres inneren Kindes ist das weise Kind. Es ist der Teil von uns, der sehr ehrlich ist, der sieht und weiß, was wir fühlen und was andere fühlen. Das weise Kind hat die Macht, die Oberflächlichkeit und Unehrlichkeit, die in unserer Erwachsenengesellschaft herrscht, zu durchstoßen und geradewegs zum wahren Kern einer Sache vorzudringen. Für gewöhnlich ist dieses Kind tief in uns begraben, weil wir gelernt haben, an all die Lügen rund um uns zu glauben. Wenn wir wieder Zugang zu diesem Teil von uns gewinnen, können wir uns eine Quelle der Wahrheit erschließen.

Ich lerne,
meinem weisen, inneren Kind
zu vertrauen.

8. April

Schenk deinem inneren Kind Sicherheit

Damit dein inneres Kind herauskommen kann, mußt du dich zuerst mit den Stimmen in dir befassen, die das Kind nicht leiden können oder vor ihm Angst haben und nicht wollen, daß es herauskommt. Einige deiner dominierenden Persönlichkeiten sind darunter, die bis jetzt dein Leben gemanagt haben und denen du Respekt schuldest, weil sie dich so weit gebracht haben. Sie haben dir zu überleben geholfen und für Sicherheit und Erfolg in deinem Leben gesorgt. Diese Teile fühlen sich gegenüber dem inneren Kind unbehaglich, weil es nicht sicher ist, in dieser Welt verletzbar zu sein. Anstatt sie zu bekämpfen, respektiere und versichere sie deiner Wertschätzung.

Ich respektiere
auch jene Teile von mir,
die mein inneres Kind
versteckt haben.

9. April

Unsere inneren Beschützer fürchten Emotionen

Die rationalen, beschützerischen, dominierenden Persönlichkeiten in uns glauben, unser inneres Kind vor emotionalen oder traumatischen Erlebnissen abschirmen zu müssen, indem sie es tief in uns begraben und alle Gefühle unterdrücken. Jede Veränderung birgt die Gefahr einer Katastrophe in sich, daher machen sie lieber so weiter wie bisher.

Zwar haben uns diese Teile zu überleben geholfen, aber sie haben uns auch von unseren menschlichen Bedürfnissen und Emotionen abgeschnitten. Wir müssen ihre Ängste und Sorgen anerkennen und ihnen die Gewißheit geben, daß es jetzt sicher ist, mit dem Erforschen und Ausdrücken unserer Gefühle zu beginnen.

Es ist sicher,
meine Emotionen zu fühlen
und auszudrücken.

10. April

Kultiviere dein bewußtes Selbst

Durch die Kultivierung deines bewußten Erwachsenenselbst beginnst du, die Arbeit, die deine dominierenden Subpersönlichkeiten verrichtet haben, zu übernehmen. Deine dominierenden Subpersönlichkeiten haben das innere Kind auf ihre unbewußte Art beschützt. Wenn du dir diesen Prozeß bewußt machst und selber Entscheidungen zum Schutz deines inneren Kindes triffst, nimmst du ihnen ihre Last ab, und sie können loslassen und ausspannen.

Ich sorge
bewußt für mein
inneres Kind.

11. April

Beruhige deinen inneren Beschützer

Dein bewußtes Selbst ist nun in der Lage, sich dem Teil von dir, der sagt: »Gib dir nie eine Blöße!«, zuzuwenden. Du kannst zu ihm sagen: »Ich verstehe, warum es kein gutes Gefühl war, verletzbar zu sein, weil es ziemlich gefährlich und beängstigend war. Mach dir keine Sorgen, ich werde nicht so dumm sein und mir so eine Blöße geben, daß ich wirklich schlimm verletzt werde. Aber in manchen Situationen, wenn jemand da ist, der mich liebt, kann ich meine Verletzbarkeit zeigen, doch ich werde mich hüten, das mitten auf der Straße zu tun.«

Laß deinen inneren Beschützer ständig wissen, daß er nichts zu fürchten hat, denn er hat Angst, weil du dich aufzumachen beginnst.

Es ist sicher für mich,
zu gegebenem Anlaß Verletzbarkeit zu zeigen.

12. April

Wir müssen die Bedürfnisse des inneren Kindes erfüllen

Das innere Kind verläßt uns nie. Es wird nie erwachsen. Es stirbt nie. Es begleitet uns unser ganzes Leben lang. Es motiviert unbewußt unser Verhalten. Wir können zum Beispiel eine Subpersönlichkeit entwikkeln, die arbeitssüchtig ist, weil sie bestrebt ist, genügend Geld zu verdienen, damit sich das Kind sicher und beschützt fühlt. Doch schließlich vergessen wir das Kind und verbringen unser ganzes Leben damit, hart zu arbeiten. Doch weder das schwer verdiente Geld noch der hart erkämpfte Erfolg befriedigen uns, weil wir vergessen haben, daß unsere ursprüngliche Motivation das Erfüllen der Bedürfnisse unseres inneren Kindes war.

Ich lerne,
die Bedürfnisse meines
inneren Kindes zu erkennen
und zu erfüllen.

13. April

Das innere Kind braucht keinen Reichtum

Viele Menschen streben nach Reichtum, aus dem unbewußten Zwang, ihrem inneren Kind Sicherheit zu verschaffen. Doch die finanzielle Sicherheit, die das Kind braucht, geht nicht über die Befriedigung elementarer Bedürfnisse hinaus. Das Kind muß wissen, daß es ein sicheres Zuhause und genug zum Essen und zum Anziehen haben wird, sowie die Möglichkeit zu lernen, zu wachsen und sich schöpferisch zu betätigen. Darüber hinaus braucht das Kind Liebe, Freundschaft, gewisse Schranken, emotionelle Unterstützung, Freiheit des Ausdrucks und Spaß.

Ich gebe
meinem inneren Kind,
was es wirklich braucht.

14. April

Geld ist nicht gleich Sicherheit

Viele Leute verwechseln Geld mit Sicherheit. Wenn es um Geld geht, werden die meisten von uns bis zu einem gewissen Grad von Furcht motiviert. Wir haben das Gefühl, daß Geld uns irgendwie Sicherheit geben kann. Ob wir wenig oder viel Geld haben spielt dabei keine Rolle. Wir haben immer das Gefühl, daß, wenn wir mehr Geld hätten, wir uns sicher und geborgen fühlen würden. Doch im Grunde genommen versuchen wir nur, für unser inneres Kind zu sorgen. Geld ist ein Mittel, mit dem wir versuchen, dem Kind in uns ein Gefühl von Sicherheit zu geben, wenn wir nicht mit seinen wirklichen Bedürfnissen in Berührung sind. Doch es ist nicht unbedingt Geld, was das Kind will. Wir müssen mit dem Kind in uns Kontakt aufnehmen und herausfinden, was es wirklich braucht, und es ihm geben.

Was wünscht sich
mein inneres Kind
wirklich?

15. April

Das innere Kind kann Erfolg blockieren

Manchmal wird das innere Kind unsere Versuche, erfolgreich zu sein oder Dinge zu tun, die wir glauben tun zu müssen, sabotieren, weil es insgeheim weiß, daß seine Bedürfnisse nichts mit dem von uns Erstrebten zu tun haben. Oft, wenn Menschen eine Sperre haben, erfolgreich im Leben zu sein, ist diese auf ihr inneres Kind zurückzuführen, dessen Bedürfnisse nicht berücksichtigt werden. Das innere Kind kann uns so lange hindern, beruflichen Erfolg zu haben, bis wir ihm schließlich mehr Fürsorge, mehr Liebe, mehr Zeit zum Spielen oder was es sonst noch braucht geben.

Ich schenke
meinem inneren Kind
die Liebe und Zuwendung,
die es braucht.

16. April

Lerne, für das innere Kind zu sorgen

Mit unserem inneren Kind Fühlung aufzunehmen, herauszufinden, was es braucht, und uns bewußt um es zu kümmern, ist eine Herausforderung für uns. Das Kind sehnt sich nach Liebe, Sicherheit, physischem und emotionalem Kontakt, Freude und kreativem Ausdruck. Je mehr wir dies berücksichtigen und in unser Leben einbeziehen, desto mehr wird unsere ganze Persönlichkeit ins Lot kommen und gesunden.

Ich lerne,
mein inneres Kind zu fragen,
was es braucht.

17. April

Lernen wir, unsere eigenen Eltern zu sein

Weil bei den meisten von uns die leiblichen Eltern ihre Rolle nicht voll und ganz erfüllt haben, fällt uns die Betreuung unseres inneren Kindes so schwer, und es fühlt sich daher ungeliebt, hilflos und vernachlässigt. Unbewußt versuchen wir für dieses Kind zu sorgen, indem wir zu viel essen, trinken oder Drogen nehmen, zu viel arbeiten oder andere süchtige oder gestörte Verhaltensweisen entwickeln.

Um für unser Wohl zu sorgen, müssen wir selbst die Elternrolle übernehmen und die wahren Bedürfnisse unseres inneren Kindes entdecken, damit wir lernen, diese auf eine Weise zu befriedigen, die wirklich funktioniert.

Ich lerne,
für mich zu sorgen,
wie gute Eltern es
tun würden.

18. April

Entwickle deine inneren Eltern

Um für unser inneres Kind auf die Art guter Eltern zu sorgen, müssen wir die ›innere Mutter‹ und den ›inneren Vater‹ entwickeln.

Die innere Mutter ist der fürsorgliche Aspekt – die Fähigkeit, uns selbst Liebe, Mitgefühl und Verständnis zu schenken. Wir ›bemuttern‹ uns, indem wir auf unsere tiefsten Bedürfnisse achten und lernen, sie zu erfüllen.

Der innere Vater ist der unterstützende und beschützende Aspekt – die Fähigkeit, uns selbst in bezug auf die Außenwelt zu schützen. Wir vertreten Vaterstelle an uns, indem wir für klare Kommunikation sorgen, unsere Grenzen abstecken und unsere tiefen Gefühle tatkräftig unterstützen.

Ich bin mir selbst
eine gute Mutter
und ein guter Vater.

19. April

Nimm mit dem inneren Kind Verbindung auf

Um mit deinem inneren Kind in Verbindung zu treten, mußt du einen Ort finden, wo du ungestört bist, und eine Umgebung schaffen, in der es sich wohlfühlen kann. Vielleicht brauchst du auch eine Decke oder ein Stofftier für dein Kind.

Schließ die Augen, entspann dich und stell dir eine wunderschöne Landschaft vor. In dieser sicheren und natürlichen Umgebung stell dir ein kleines Kind vor — das Kind, das du einst warst. Es ist möglich, daß du ein Bild von diesem Kind siehst oder daß du es fühlst. Laß das Kind wissen, daß du es gern hast. Frag, was es braucht und was es von dir als Erwachsenem haben will. Die Verständigung mit dem Kind kann auf verbale, aber auch auf nicht verbale Weise erfolgen. Sag ihm, daß du es regelmäßig kontaktieren willst, um eine bewußte Beziehung herzustellen.

Ich beginne,
mein inneres Kind regelmäßig
zu kontaktieren.

20. April

Akzeptiere die Gefühle deines inneren Kindes

Wenn du zum erstenmal mit deinem verwundbaren inneren Kind in Verbindung trittst, wird es dir vielleicht sehr emotional vorkommen. Es könnte verletzt, traurig oder sogar zornig und nachtragend sein. Manchmal ist es schwer zu akzeptieren, daß das Kind so verärgert ist. Denk daran, daß dieses Kind leidet, weil es verletzt worden ist. Es könnte auch gekränkt sein, weil du es dein ganzes Leben lang ignoriert und alleingelassen hast. Akzeptiere seine Gefühle und bring ihm viel Liebe und Verständnis entgegen. Das ist es, was es immer gebraucht hat.

Ich akzeptiere
die Gefühle meines
inneren Kindes.

21. April

Sei geduldig und beharrlich

Anfangs kann es vorkommen, daß nichts zu passieren scheint, wenn du dein inneres Kind zu kontaktieren versuchst. Hab Geduld! Manchmal ist das Kind noch nicht bereit, dir zu vertrauen, oder wartet ab, bis es überzeugt ist, daß du wirklich die Absicht hast, eine verantwortungsvolle und dauerhafte Verbindung herzustellen.

Wenn du Schwierigkeiten hast, dein Kind durch Meditation zu kontaktieren, dann laß es sein und finde einen anderen Weg, um es in dein Leben zu integrieren.

Ich bin geduldig und
beharrlich mit meinem
inneren Kind.

22. April

Es gibt viele Wege für den Kontakt mit dem inneren Kind

Es gibt viele Möglichkeiten, wie wir mit dem Kind in uns Kontakt aufnehmen können — durch Spielen, Tanzen, Singen, Zeichnen oder Malen. Auch der Aufenthalt in einer schönen, natürlichen Umgebung bewirkt manchmal, daß das Kind auftaucht. Oft sind Tiere eine Hilfe, weil Kinder von Natur aus Tiere lieben und sich zu ihnen hingezogen fühlen. Probier aus, worauf dein Kind anspricht!

Ich finde heraus,
wie ich mit meinem inneren
Kind zusammensein kann.

23. April

Kinder spiegeln das Kind in uns

Wenn wir einem Kind in die Augen sehen, werden wir oft eine tiefe Verbundenheit fühlen. Oder wenn wir sehen, wie ein Kind in sein Spiel vertieft ist, kann dies unsere eigene spielerische Seite zum Vorschein bringen. Manchmal geschieht es auch, daß ein Kind etwas zu uns sagt, das so weise ist, daß wir davon tief berührt werden. Dieses Kind scheint mehr als wir zu wissen – dies reflektiert die Weisheit unseres eigenen inneren Kindes.

Durch den Kontakt
mit Kindern stelle
ich die Verbindung zu
meinem inneren Kind
wieder her.

24. April

Was macht dein inneres Kind gern?

Was hast du in deiner Kindheit gern gemacht? Warst du gern im Freien? Mit anderen zusammen oder allein? Mochtest du Spiele? Hast du gern geschaukelt? Polsterschlachten gemacht? Bücher gelesen? Filme angeschaut? Laß dein inneres Kind herauskommen und spielen. Gestatte dir, Dinge zu tun, die du schon lange nicht mehr getan hast, als Kind aber um so lieber. Oder mach etwas, was du immer tun wolltest, aber nicht durftest oder nicht konntest.

Ich mache täglich etwas,
was ich als Kind gern
getan habe oder tun wollte.

25. April

Nimm dir Zeit für dein inneres Kind

Denk darüber nach, was deinem inneren Kind Freude bereiten oder es stärken könnte, und versuche, es in dein Leben zu integrieren. Nimm dir jeden Tag oder zumindest jeden zweiten Tag am Morgen oder am Abend einige Minuten lang Zeit, um herauszufinden, was dein inneres Kind gerne tun würde. Natürlich sind Liebe und Nähe das Wichtigste für das Kind, und es wird dir helfen, auch mit anderen Menschen mehr in Kontakt zu kommen. Aber ebenso wichtig sind Dinge, die dem Kind Spaß machen, wie zum Beispiel Radfahren oder ein Schaumbad.

Ich nehme mir jeden
Tag Zeit, um heraus-
zufinden, was mein
inneres Kind gern tun
würde.

26. April

Das innere Kind wird dir sagen, was es will

Wenn du dir über die Bedürfnisse deines inneren Kindes nicht sicher bist oder nicht weißt, wie du am besten für es sorgen kannst, dann frag es einfach. Das Kind kennt seine Gefühle, Bedürfnisse und Wünsche. Mach es dir zur Gewohnheit, das Kind zu fragen, was es braucht oder was es sich wünscht. Natürlich kannst du nicht immer dem Kind alle Wünsche erfüllen, aber du solltest seine Bedürfnisse berücksichtigen, wann immer es möglich ist, und du wirst finden, daß es sich lohnt.

Ich achte auf die
Bedürfnisse meines
inneren Kindes und
trachte, sie zu erfüllen.

27. April

Kauf deinem inneren Kind ein Spielzeug

Geh mit deinem inneren Kind in ein Kaufhaus und laß es ein Spielzeug für sich aussuchen. Laß dein Erwachsenenselbst bestimmen, wieviel du vernünftigerweise ausgeben kannst (es muß nicht viel sein), und laß es in diesem Rahmen etwas wählen. Manchmal wünscht sich das Kind etwas, was deinem Erwachsenenselbst geschmacklos oder dumm erscheint, doch dein Urteil darf keinen Einfluß auf die Wahl deines Kindes haben. Wenn du ihm kaufst, was es haben will, läßt du es wissen, daß du es gern hast und daß es dir etwas bedeutet. Du gibst ihm Sicherheit, so daß es sich getraut, herauszukommen, und du es kennenlernen kannst.

Heute kaufe ich meinem
inneren Kind ein Spielzeug —
etwas, das es sich wirklich
wünscht.

28. April

Beschütze dein inneres Kind

Es ist wichtig zu lernen, wann es nicht geboten erscheint, dein inneres Kind rauszulassen — zum Beispiel während einer geschäftlichen Besprechung. Sag deinem Kind, daß du zur Arbeit gehen mußt und daß es zuhause bleiben und spielen kann, bis du wieder heimkommst. Versichere ihm, daß du dir dann Zeit nehmen wirst, um mit ihm zu spielen.

Anfangs mag dir dies vielleicht dumm vorkommen, aber später wirst du merken, daß das bewußte Eingehen auf die Bedürfnisse deines inneren Kindes mehr Harmonie, Freude und Erfüllung in dein Leben bringen wird.

Ich beschütze mein
inneres Kind und lasse
es nur heraus, wenn mir
dies geboten erscheint.

29. April

Das innere Kind ist mit unserer spirituellen Essenz am engsten verbunden

Das innere Kind ist einer unserer vitalsten Aspekte, weil es mit unserer spirituellen Essenz am engsten verbunden ist. Wir kommen auf diese Welt als spirituelle Wesen, die in einem physischen Körper geboren werden. Bei der Geburt ist das Kind fast pure spirituelle Essenz, weil es zu diesem Zeitpunkt noch wenig Kontakt mit der Welt hatte. Das ist der Grund, warum uns Neugeborene so berühren — weil wir in ihnen die Spiegelung unserer eigenen, tiefen, schönen und unschuldigen spirituellen Essenz sehen.

Durch den Kontakt
mit meinem inneren Kind
öffne ich mich
meiner spirituellen Essenz.

30. April

Das innere Kind verbindet uns mit unserer Seele

Das Kind in uns wiederzuentdecken und sich ausdrücken zu lassen, ist sehr wichtig. Wenn wir die wahren Gefühle und Bedürfnisse unseres Kindes herausfinden und beginnen, bewußt für es zu sorgen, wird es sich erweisen, daß die meisten unserer alten Verteidigungsmechanismen unnötig sind und wir uns entspannen und loslassen können. Das Kind in uns wird lebendig werden und uns emotionale Tiefe, Authentizität, Spontaneität, Unschuld und Freude bringen. Durch das Kind verbinden wir uns wieder mit unserer Seele, der Essenz unseres Wesens, und stehen wieder in Kontakt mit dem Weltengeist, der Einheit allen Lebens.

Durch mein inneres Kind
stehe ich in Kontakt
mit meiner Seele.

1. Mai

Die Erde ist unsere Mutter

Als unsere Mutter ist die Erde unsere beste Lehrerin. Wenn wir auf sie hören, können wir von ihr alles lernen, was wir über das Leben auf der physischen Ebene wissen müssen. Sie zeigt uns täglich ihre Rhythmen und Zyklen und weist uns damit auf die natürlichen Gesetze des Lebens hin.

Ich werde mir
der Rhythmen des Lebens
in mir und um mich bewußt.

2. Mai

Leben mit dem Rhythmus der Erde

Die Anforderungen des modernen Lebens haben die Tendenz, uns von den natürlichen Zyklen und Rhythmen der Erde zu entfernen. Wir stehen auf, wenn der Wecker läutet; wir gehen zu Bett nach den Elf-Uhr-Nachrichten. Das Leben richtet sich nach unserem *Kopf* und nicht nach einem natürlichen Rhythmus. Doch wir sind ein Teil der Erde und müssen dies anerkennen. Wir müssen die Rhythmen der Erde respektieren und in Übereinstimmung mit ihnen leben.

Ich bin ein Teil der Erde,
und die Erde ist ein Teil
von mir.

3. Mai

Die Rhythmen der Erde beeinflussen uns

Wir sind keine Maschinen, die jeden Tag dasselbe produzieren können. Unser mentaler und emotionaler Zustand an einem sonnigen Sommertag unterscheidet sich von unserem Gemütszustand an einem dunklen Wintertag. Und es gibt täglich eine Unzahl subtiler Veränderungen, die uns beeinflussen. Wenn wir diese Unterschiede jeden Tag erkennen und akzeptieren, können wir dem Fluß des Lebens leichter folgen.

Ich bemerke,
wie der Zustand der Erde
mich beeinflußt.

4. Mai

Halte dich im Freien auf

Um unsere Verbundenheit mit der Erde besser spüren zu können, müssen wir uns jeden Tag eine Weile im Freien aufhalten, und sei es auch nur für ein paar Minuten. Nur durch diesen täglichen direkten Kontakt können wir uns der feinen Veränderungen während der verschiedenen Jahreszeiten bewußt werden. Natürlich ist es in der Stadt etwas schwieriger, doch fast jeder von uns hat die Möglichkeit, einen Spaziergang zu machen, den Himmel zu beobachten und die Luft und die Sonne zu spüren.

Ich halte mich täglich
eine Weile im Freien auf
und spüre meine Verbundenheit
mit der Erde.

5. Mai

Finde einen Ort im Freien für dich

Finde einen Ort im Freien, den du liebst und wo du mit der Erde in Berührung sein kannst. Es sollte ein Ort sein, der für dich leicht zu erreichen ist. Wenn du in einer Stadt lebst und nicht viel ins Freie kommst, dann finde einen Platz, wo du zumindest den Himmel sehen und die Sonne spüren kannst. Verbringe, wenn möglich täglich, so viel Zeit, wie du kannst, an diesem besonderen Ort. Erforsche ihn, lern ihn kennen und such dir einen bequemen Platz zum Entspannen und Meditieren. Stell dir vor, daß du dich auf den Geist dieses Ortes einstimmst. Frag ihn, ob er dir etwas mitzuteilen hat. Bitte ihn um Heilung, Stärke, Heiterkeit, persönliche Kraft oder was du sonst dort finden willst.

Ich habe einen besonderen Ort
auf der Erde, wo ich gerne
meine Zeit verbringe.

6. Mai

Finde ein Kraftobjekt

Such eine schöne, natürliche Umgebung auf und finde dort einen bequemen Platz, wo du sitzen und meditieren kannst. Atme tief, entspann deinen Körper und Geist und laß deine Aufmerksamkeit tief in dich hineinfallen. Bitte dein inneres intuitives Selbst, dich zu einem Kraftobjekt zu führen. Dann steh auf und mach einen Spaziergang, schau dich um und beobachte alles, was auf dem Boden und um dich herum zu sehen ist. Wenn du dich von etwas angezogen fühlst, heb es auf und schau es an. Nach einer Weile wirst du einen Gegenstand finden, der dir bedeutsam oder kraftvoll vorkommt – es kann ein Stein, ein Blatt, eine Feder oder Ähnliches sein. Setz dich und halte dein Kraftobjekt. Frag, was für eine Bedeutung es für dich hat. Nimm es mit heim und leg es an einen Platz, wo du es sehen und ihm täglich Anerkennung zollen kannst.

Mein Kraftobjekt
erinnert mich,
woran ich mich
erinnern muß.

7. Mai

Achte darauf, wo du lebst

Es ist interessant festzustellen, welche Rolle unser Lebensraum in bezug auf das Gleichgewicht zwischen unseren männlichen und weiblichen Aspekten spielt. Eine ruhige, natürliche Umgebung unterstützt den weiblichen Aspekt unseres Wesens. Eine lebhafte, aktive Umgebung stimuliert die männliche Energie. Wärmere Temperaturen helfen uns, uns zu entspannen, und öffnen unsere rezeptiven weiblichen Energien. Kältere Klimazonen stellen eine physische Herausforderung dar und fördern harte Arbeit und Konzentration, also die Entwicklung unserer männlichen Seite. New York ist daher in vieler Hinsicht der Ausdruck männlicher Energie schlechthin, während Hawaii ein Beispiel für eine extrem weibliche Umgebung ist. Die meisten Orte bergen eine Reihe von Elementen, die zwischen diesen beiden Extremen liegen.

Ich stelle fest,
wie meine Umgebung das Gleichgewicht
zwischen meinen weiblichen und männlichen
Aspekten beeinflußt.

8. Mai

Werde dir deiner Umgebung bewußt

Überleg dir, in welcher Hinsicht die geographische Lage deines Wohnsitzes dein Leben sowohl innerlich als auch äußerlich beeinflußt. Ist es in erster Linie eine Hilfe für deine Entwicklung oder eher eine Ablenkung? Was für dich richtig ist, hängt von vielen persönlichen Faktoren ab – welche Erfahrungen du in deinem Leben bereits gemacht hast, in welcher Lebensphase du jetzt bist, welche Ziele du hast und welche Aspekte deiner Persönlichkeit zu entwickeln oder zu stärken sind. Wenn du dir der Wirkung bewußt wirst, die dein Lebensraum auf eine persönliche Entfaltung ausübt, kannst du ausgleichende Schritte unternehmen.

In welcher Hinsicht
unterstützt meine physische
Umgebung meinen Bewußtwerdungsprozeß beziehungsweise lenkt
von ihm ab?

9. Mai

Schritte zur Schaffung von Gleichgewicht

Wenn du in einer Stadt wohnst, ist es wahrscheinlich nötig, täglich einen Park aufzusuchen, die Wochenenden auf dem Land zu verbringen und/oder regelmäßig Ferien in einer ruhigeren Umgebung zu machen. Lebst du in einer ländlichen Region, kann es sein, daß dir gelegentliche Besuche in der Stadt als notwendige Stimulation erscheinen. Führst du ein zurückgezogenes Leben mit der Betonung auf mentaler Arbeit, dann wirst du im Urlaub vielleicht physische Herausforderung und spirituellen Einklang suchen. Vielleicht ziehst du überhaupt eine Verlegung deines Wohnsitzes an einen Ort in Betracht, der dich in der derzeitigen Phase deiner Lebensreise mehr unterstützt.

Ich schaffe
ein Gleichgewicht und eine
positive Veränderung in
meiner Umgebung.

10. Mai

Wir haben auch eine animalische Seite

Als Menschen neigen wir dazu, uns nur mit unseren mentalen Energien, unserer rationalen Intelligenz zu identifizieren, die uns von den Tieren unterscheidet. Doch physisch gesehen, gehören wir zu den Tieren. Wir haben die Tendenz, unser animalisches Selbst zu entrechten, doch dies trennt uns von unserer Umwelt und hindert uns zu erkennen, wie wir bequem und natürlich in unserem physischen Körper leben können. Wir müssen uns wieder auf den animalischen Aspekt unserer Natur besinnen. Unser Geist kann nur so gut sein wie das physische Selbst, das ihn unterstützt.

Ich ehre und respektiere
meine animalische Seite.

11. Mai

Tiere können unsere Lehrer sein

Unsere tierischen Brüder und Schwestern haben uns eine Menge zu lehren. Durch die Beziehung zu unseren Haustieren oder das Studium und die Beobachtung wilder Tiere können wir vieles, das wir vergessen haben, über uns selbst lernen. Tiere sind mit der Essenz ihres Wesens tief verbunden. Sie können sich frei und natürlich durch ihre körperliche Form ausdrücken. Sie folgen instinktiv den Rhythmen des Lebens. Sie helfen uns zu lernen, auf angenehme und natürliche Weise auf der Erde zu leben.

Durch die Beobachtung
von Tieren kann ich
viel über mich selbst
lernen.

12. Mai

Entdecke dein Krafttier

Stell dir vor, daß du durch einen Wald oder Dschungel gehst. Du siehst oder fühlst die Gegenwart vieler Tiere um dich herum. Schließlich begegnest du einem Tier, das eine besondere Bedeutung für dich hat. Frag es nach seiner Botschaft für dich und sei offen, um sie zu empfangen. Dieses Tier kann sich in Worten oder telepathisch ausdrücken oder dir durch seine Handlungen zeigen, was es dir sagen will. Vertrau auf deine intuitiven Gefühle und verhalte dich entsprechend zu dem Tier.

Dieses Tier stellt eine bestimmte Art von Kraft oder Weisheit dar. Es ist nun dein Freund oder Verbündeter, und du kannst es jederzeit rufen, wenn du seine Energie brauchst.

Mein Krafttier
macht mich stark.

13. Mai

Hüte deinen Körper wie einen Schatz

In unserer Kultur besteht die Tendenz, den physischen Körper zu ignorieren oder ihn als selbstverständlich hinzunehmen. Wir müssen lernen, unserem Körper für alles, was er für uns tut, Anerkennung und Hochachtung entgegenzubringen.

Sei mit deinem physischen Körper täglich auf eine Weise zusammen, die dir ein gutes Gefühl gibt. Das heißt nicht, ihn Dinge machen zu lassen, von denen du *denkst,* daß sie gut für ihn sind, sondern Dinge, die ihm Spaß machen. Halte dich im Freien auf, geh spazieren, atme, tanze, schwimme, ruh dich aus, hör schöne Musik, laß dich massieren, iß etwas Köstliches und Nahrhaftes – laß deinen Körper sich erfreuen.

Ich mache täglich etwas,
was meinem Körper guttut.

14. Mai

Finde deinen eigenen Rhythmus

Unser physischer Körper hat bestimmte Grundbedürfnisse: Schlaf, Nahrung, physische Aktivität, frische Luft. Wir müssen diese Bedürfnisse in einem regelmäßigen Rhythmus erfüllen. Wir schlafen besser, wenn wir jede Nacht zur selben Zeit zu Bett gehen und täglich zur gleichen Zeit aufstehen. Es fördert unser Wohlbefinden, wenn wir mit einer gewissen Regelmäßigkeit essen und unsere Übungen machen. Wir müssen unseren eigenen, natürlichen Körperrhythmus entdecken und auf ihn Rücksicht nehmen.

Ich nehme auf
meinen natürlichen Körperrhythmus
Rücksicht.

15. Mai

Tägliche Gewohnheiten

Entwickle ein Gefühl für die Bedürfnisse deines Körpers! Stell fest, wann für dich die beste Zeit zum Aufstehen oder zum Schlafengehen ist. Beobachte, wann du durch Essen die meiste Energie bekommst. Welche Zeit bevorzugst du für deine körperlichen Übungen? Es ist wichtig, den besten Rhythmus für dich festzustellen und ihn täglich einzuhalten. Gelingt dir dies nicht, dann ist er wahrscheinlich nicht richtig für dich. Forsche weiter, bis du den richtigen Rhythmus gefunden hast.

Ich wache auf, esse,
mache meine Körperübungen
und schlafe täglich auf
eine Weise, die mir
Energie und Wohlbefinden
schenkt.

16. Mai

Erwecken des Körpers

Jeden Morgen, wenn du aufwachst, bleib noch einige Minuten im Bett liegen und stimm dich auf deinen Körper ein. Sag deinem Körper, wie sehr du es zu schätzen weißt, daß er für dich da ist. Strecke und bewege deinen Körper auf eine Weise, die ihm guttut. Steh langsam auf. Trink ein großes Glas Wasser und denk daran, wie das Wasser deinen Körper reinigt. Nimm mit der natürlichen Energie deines Körpers Verbindung auf, ehe du etwas anderes trinkst oder ißt und dein Tagwerk beginnst.

Ich nehme jeden Morgen
meinen Körper bewußt wahr.

17. Mai

Atmen

Mach jeden Morgen, am besten gleich nach dem Aufstehen, ein paar langsame, tiefe Atemzüge. Atme tief ein, so daß du spürst, wie Brust und Bauch sich ausdehnen. Beim Ausatmen stell dir vor, daß du dich von alten Verhaltensmustern loslöst, die dich einschränken und die du nicht mehr brauchst. Mit jedem Einatmen fühlst du, wie neues Leben, Gesundheit und Energie in dich einströmen.

Ich atme aus,
was ich nicht mehr brauche.
Ich atme ein,
was ich jetzt brauche und will.

18. Mai

Nahrung für den Körper

Es ist wichtig, den richtigen täglichen Rhythmus zu finden, um den Körper mit Nahrung zu versorgen. Jeder Körper hat unterschiedliche Bedürfnisse. Die traditionellen drei Mahlzeiten pro Tag sind vielleicht für dich nicht richtig. Manche Menschen brauchen vormittags fast nichts und begnügen sich mit zwei Mahlzeiten später am Tag. Andere ziehen ein ausgiebiges Mittagessen und ein leichtes Abendessen vor. Beobachte, wie dein Körper auf die Nahrung, die du ihm gibst, reagiert und richte dich mit deinen Essenszeiten danach.

Ich ernähre meinen
Körper auf eine Weise,
die mich mit Energie
erfüllt.

19. Mai

Übungen für den Körper

Bewege dich und stimuliere täglich deinen Körper auf eine Weise, die Spaß macht und Energie bringt. Um die Bedürfnisse deines Körpers zu erfüllen, ist es unnötig, bei deinen Übungen bis an die Schmerzgrenze zu gehen. Für die meisten Leute wird bereits ein täglicher Spaziergang genügen. Schwimmen, Yoga, Stretching, Aerobics, Radfahren, Basketball oder Tennis sind, wenn regelmäßig betrieben, auch eine Möglichkeit, wobei du keinesfalls übertreiben solltest. Finde einen Ausgleich zwischen anstrengenden und gemäßigteren Übungen wie Stretching oder Spazierengehen.

Meine täglichen Übungen
stimulieren meinen Körper
und machen mir Spaß.

20. Mai

Schlaf

Wieviel Schlaf holst du dir jede Nacht? Bist du gewohnt, dich mit Kaffee oder anderen Aufputschmitteln tagsüber über die Runden zu bringen? In unserer auf die linke Gehirnhälfte und auf Produktion ausgerichteten Gesellschaft ist es üblich, sich ständig anzuspornen, statt sich genug Zeit zum Ausruhen zu nehmen. Der menschliche Körper braucht Ruhe und Schlaf, um zu funktionieren. Gönn dir so viel Schlaf, wie du brauchst.

Ich hole mir jede Nacht
so viel Schlaf, wie ich
brauche.

21. Mai

Hör auf deinen Körper

Immer wenn deinem Körper etwas fehlt, versucht dein Geist, dir etwas mitzuteilen, dich auf etwas aufmerksam zu machen. Frag deinen Körper, was er dir sagen will.

Dein Körper ist durchaus buchstäblich zu verstehen. Er zeigt dir so anschaulich wie möglich, was du dir bewußtmachen mußt, wobei es im Grunde immer darum geht, dich mehr zu lieben und besser für dich zu sorgen.

Ich höre
auf meinen Körper
und was er mir zu
sagen hat.

22. Mai

Die Zusammenarbeit zwischen emotionaler und physischer Ebene

Zwischen Heilung auf der emotionalen Ebene und Heilung auf der physischen Ebene besteht ein enger Zusammenhang. Daher wird der emotionale Heilungsprozeß oft ergänzt durch Massage und Körperarbeit, alternative Heilpraktiken wie Akupunktur oder Chiropraktik, aber auch alternative Ernährungsformen. Große Heilerfolge lassen sich durch Bewegung, Tanz oder körperliche Übungen erzielen. Wenn wir die Lebensenergie frei durch unseren Körper fließen lassen, werden die emotionalen Blokkaden aufgelöst. Es beschleunigt den Heilungsprozeß, wenn wir gleichzeitig auf der emotionalen und der physischen Ebene arbeiten.

Mein physischer und
emotionaler Heilungs-
prozeß greifen ineinander.
Einer unterstützt den
anderen.

23. Mai

Berührung ist lebenswichtig

Denk daran, wie junge Katzen oder Hunde sich aneinanderschmiegen. Wir Menschen sehnen uns gleichfalls nach engem physischen Kontakt. In den meisten Kulturen bestand noch bis vor kurzem innerhalb der Familie ein viel engerer Kontakt, doch unsere Gesellschaft ist für körperliche Nähe und Berührung wenig offen.

Nähe und Berührung sind für das Kind in uns nährend, tröstend und beruhigend und bilden ein wichtiges Element in unserem Leben, das wir uns selbst entzogen haben. Wir berühren einander kaum noch und bestehen auf getrennten Räumen und Häusern, was so weit gehen kann, daß wir schließlich ein sehr einsames Leben führen.

Ich bin offen
für körperliche
Nähe und Berührung.

24. Mai

Wir brauchen Gemeinschaft

Unsere Gesellschaft ist so aufgebaut, daß sie die emotionalen und sozialen Kontakte, die wir brauchen, sehr erschwert. Wir müssen bewußt Schritte unternehmen, um dies zu ändern und um Gemeinsamkeit, Familiensinn und Verbundenheit mit anderen Menschen zu fördern.

Mein Leben wird
durch die Gemeinschaft
mit anderen Menschen
sinnvoll.

25. Mai

Alle Dinge sind verbunden

Was auch immer der Erde zustößt betrifft uns alle. Wir atmen alle dieselbe Luft und wandeln über denselben Erdboden. Wenn wir auf den Boden spucken, spucken wir auf uns selbst. Wasser fließt in das Meer, steigt wieder auf in die Luft und fällt als Regen auf uns herab. Die Erde ist unsere Mutter. Die Tiere sind unsere Brüder und Schwestern.*

Wir sind alle miteinander verbunden – die Familie der Erde.

Ich fühle mich
allen Menschen und Dingen
auf Erden verbunden.

---

* Auszug aus einem Brief des Häuptlings der Suwamish an Präsident Franklin Pierce.

26. Mai

Fühle die Lebenskraft in dir

Es gab eine Zeit, wo wir einen Sinn für die tiefe Einheit allen Lebens hatten. Je zivilisierter und industrialisierter wir geworden sind, desto mehr ging uns dieser Sinn verloren. Nun beginnen wir – als Einzelmenschen, als Kultur und weltweit in unserem Massenbewußtsein – uns diesem Sinn wieder zuzuwenden. Wir fangen zu erkennen an, daß wir ein Teil des Universums sind und daß die Lebenskraft, die in uns fließt, uns untereinander und mit allem Lebendigen verbindet.

Die Lebenskraft in mir
verbindet mich mit
allem und jedem.

27. Mai

Wir bestehen aus den vier Elementen

Unser Körper und die ganze Schöpfung besteht aus vier Elementen: Erde, Luft, Feuer und Wasser. Machen wir uns diese vier Elemente in und um uns bewußt. Erde ist stark, beständig, ruhig und unterstützend. Wasser ist fließend und wirbelnd. Luft ist leicht und frei, fast formlos. Feuer ist heiß, hell und energetisch.

Zu verschiedenen Zeiten gehen wir durch verschiedene Phasen dieser Elemente. An manchen Tagen fühlen wir uns sehr leicht und luftig, an anderen sind wir dagegen voller Feuer. Es ist wichtig zu verstehen, daß diese Phasen notwendig sind und wir von einer zur anderen wechseln.

Ich bin Erde, Luft,
Feuer und Wasser.

28. Mai

Baummeditation

Finde einen besonderen Baum. Setz dich unter ihn oder klettere hinauf und sitz in seinen Ästen, lehn dich an ihn oder schling deine Arme um ihn – stell einfach einen physischen Kontakt her, der von deinem Gefühl her stimmt.

Schließ die Augen und stell dir vor, daß dieser Baum dir Mutter, Vater, Bruder oder Schwester ist. Sprich zu ihm über deine Gefühle für ihn, dann laß deinen Geist zur Ruhe kommen und empfange die Energie des Baumes, die dir nährend, stark, weise oder vielleicht humorvoll erscheinen kann.

Besuche deinen Baum, sooft du kannst, du wirst in ihm einen liebevollen und Trost spendenden Freund finden.

Ich habe viele
verschiedene Freunde
auf dieser Welt.

29. Mai

Felsenmeditation

Such dir einen großen Felsen, der glatt genug ist, daß du bequem auf ihm sitzen, liegen oder dich anlehnen kannst. Spür, wie stark und fest er ist und ob er kalt oder warm ist. Sei dir bewußt, wie alt er ist und wie lang er schon auf diesem Platz steht. Versetz dich an seine Stelle und versuch dir vorzustellen, wie es wäre, Hunderte, Tausende oder Millionen von Jahren so still und ruhig dazuliegen. Laß dich von seiner ruhigen, kraftvollen Energie durchdringen.

Ich fühle die
Energie der Erde durch
diesen uralten Felsen.

30. Mai

Bitte die Erde und ihre Geschöpfe um ihren Segen

Immer wenn du etwas in der oder für die Natur zu tun hast, nimm dir einen Augenblick Zeit, um die Erde, die Pflanzen, die Tiere oder die Naturgeister um ihren Segen zu bitten. Sei dir bewußt, daß die Erde nicht unser Besitz ist, sondern wir nur ihre Hüter sind. Die Erde läßt uns wissen, was sie braucht und will.

Ich bin ein Hüter
der Erde.

31. Mai

Dank an die Erde

Jeden Tag, wenn du aufstehst, wirf einen Blick aus dem Fenster oder geh hinaus, um die Schönheit der Natur, wie sie sich an diesem Tag darbietet, wahrzunehmen. Wenn du in der Stadt lebst und es weit und breit keinen Baum oder Strauch gibt, kannst du dasselbe mit deinen Zimmerpflanzen machen oder den Himmel beobachten.

Danke der Mutter Erde und allen Elementen. Danke ihr für den neuen Tag, den du erleben darfst, denn er ist ein kostbares Geschenk.

Ich bedanke mich
für diesen weiteren schönen
Tag auf Erden.

1. Juni

Betrachte dein Leben als Spiegelung

Wir erschaffen alles, was uns passiert. Wir ziehen die Leute, Ereignisse und Erfahrungen an, die wir für unser Wachstum brauchen, oder werden von ihnen angezogen.

Betrachte jeden Menschen, der dir begegnet, und jede Erfahrung, die du machst, als eine Spiegelung dessen, was in dir selbst vorgeht. Dann kannst du beginnen, die Probleme, die du mit dir selbst hast, zu korrigieren, und jene Teile, die nicht funktionieren, zu heilen. Du kannst beginnen, dich zu verändern und Dinge, die für dich vorteilhaft sind, zuzulassen.

Ich sehe mein Leben
als eine Spiegelung
meines inneren Prozesses.

2. Juni

Unsere wichtigste Beziehung

Es gibt eine Beziehung in unserem Leben, die am wichtigsten ist. Sie bildet die Grundlage für sämtliche anderen Beziehungen. Und wenn diese eine Beziehung funktioniert, dann funktionieren auch alle anderen Beziehungen in unserem Leben. Funktioniert sie aber nicht, dann gilt dies auch für alle übrigen. Diese Beziehung ist die innere Beziehung mit uns selbst.

Wenn wir unser Augenmerk auf diese innere Beziehung richten, werden wir sehen, daß alles in unserem Leben nur eine Spiegelung der Gefühle ist, die wir uns selbst entgegenbringen. Diese Aufmerksamkeit bewirkt, daß die Beziehungen zu unseren Mitmenschen aufrichtiger, wirklicher, stärker und befriedigender werden.

Ich baue zu mir und
den anderen eine
ehrliche und liebevolle
Beziehung auf.

3. Juni

Innere Ganzheit

Die meisten von uns haben die Beziehung zu sich selbst verloren. Durch diesen Verlust entsteht ein Gefühl der Leere, Einsamkeit und Verzweiflung, das uns trachten läßt, außerhalb von uns selbst Erfüllung zu finden. Wir sind auf der Suche nach Beziehungen, in der Hoffnung, jemanden zu finden, der bewirkt, daß wir uns ganz fühlen. Aber das ist nicht möglich, solange wir nicht die Beziehung zu uns selbst zu entwickeln beginnen. Ganzheit erleben wir dann, wenn wir unsere vielen Aspekte integrieren und ausdrükken.

Ich finde zu
meiner inneren Ganzheit.

4. Juni

Bring Spiritualität in die Welt

Sowohl in östlichen, als auch in westlichen Traditionen ist der spirituelle Weg häufig mit einem Rückzug aus der Welt oder mit zölibatären Bedingungen verbunden, um jede Ablenkung zu vermeiden. Tatsächlich ist es schwierig, bewußt mit unserer spirituellen Essenz in Verbindung zu bleiben, während wir die Probleme, die das weltliche Leben und insbesondere schwierige Beziehungen mit sich bringen, zu bewältigen versuchen.

Dennoch ist jetzt die Zeit für einen neuen spirituellen Ansatz gekommen, und wir müssen uns der Herausforderung stellen, unsere Spiritualität in das tägliche Leben einzubeziehen.

Ich bringe meine
Spiritualität in
das tägliche Leben ein.

5. Juni

Beziehungen lassen sich nicht vermeiden

Es gibt Zeiten im Leben, in denen ein Rückzug von der Welt und die Besinnung auf uns selbst angebracht ist. Doch wenn wir wirklich bewußte Menschen werden wollen, dürfen wir den Beziehungen zu den Menschen und Dingen rund um uns, die unseren inneren Prozeß spiegeln, nicht aus dem Weg gehen. Sie sind der beste Spiegel, in dem wir uns klar erkennen können, und lehren uns tatsächlich alles, was wir wissen müssen.

Meine Beziehungen
lehren mich alles,
was ich wissen muß.

6. Juni

Durch unsere Beziehungen können wir uns selbst erkennen

Es ist viel schwerer, in sich hineinzuschauen, als die Außenwelt zu beobachten. Darum ist es so wichtig, Beziehungen als Spiegel der Vorgänge in unserem Inneren anzusehen. Was in unserem Unbewußten vorgeht, können wir nur schwer erkennen. Doch wenn wir unsere Beziehungen betrachten und uns darin gespiegelt sehen, werden wir anfangen, uns selbst zu erkennen.

Ich sehe mich selbst
in meinen Beziehungen
gespiegelt.

7. Juni

Beziehungen sind unser bestes Werkzeug

Beziehungen stellen einen spirituellen Weg dar, der wahrscheinlich zu den wirksamsten zählt, die uns in der heutigen Welt zur Verfügung stehen. Unsere Beziehungen können uns, wenn wir sie zu benutzen verstehen, zu den tiefsten Erkenntnissen führen, und zwar nicht nur Liebesbeziehungen, sondern jede Art von Beziehung überhaupt. Auf diese Weise wird jeder Moment unseres Lebens zur Meditation und zu einer kreativen Möglichkeit.

Ich lerne aus
jeder Beziehung
in meinem Leben.

8. Juni

Jede Energie muß Ausdruck finden

Das Universum birgt bestimmte Archetypen oder energetische Grundmuster, die in jedem Individuum potentiell vorhanden sind. Meistens sind aber nur einige voll entwickelt, und mit diesen identifizieren wir uns und verleihen ihnen Ausdruck. Die anderen sind unentwickelt oder untergeordnet, versuchen aber ständig Ausdruck zu finden. Für unser Gleichgewicht und unsere Ganzheit müssen wir allmählich lernen, alle diese Energien in unserer Persönlichkeit und in unserem Leben zum Ausdruck zu bringen. In einer engen Beziehung mit einer anderen Person wird diese Person für gewöhnlich unseren untergeordneten Energien Ausdruck verleihen. In einer Familie wird alles, was nicht von den Eltern ausgedrückt wird, durch die Kinder zum Ausdruck gebracht. Wenn uns dieser Prozeß bewußt wird, können wir alle unsere Beziehungen als Spiegel benutzen, um zu sehen, welche Energien nach Ausdruck verlangen.

Welche Energie kommt
in meinem Leben nicht
genug zum Ausdruck?
Wie spiegelt sich das
in meinen Beziehungen?

9. Juni

Wir haben eine große Skala von Energien

Wir haben alle eine viel größere Skala von Energien, als wir vermuten. Schau dir an, was dir nicht an dir gefällt oder was du nicht ausdrücken willst. Das Leben versucht dir zu zeigen, wie du mit diesem Teil von dir in Verbindung kommen kannst, und hält dir einen Spiegel vor. Die Menschen in deinem Leben, die du liebst und bewunderst, reflektieren jene Aspekte, die du integriert hast. Jene Menschen aber, die du nicht leiden kannst und mit denen du Schwierigkeiten hast, spiegeln Aspekte von dir, die du erst lieben lernen mußt.

Mit wem habe ich Probleme?
Zeigt mir dieser Mensch etwas,
das ich bei mir nicht akzeptieren will?

10. Juni

Gegensätze ziehen sich an

Oft fühlen wir uns von unserem Gegensatz angezogen oder ziehen ihn an – Menschen, die andere Eigenschaften entwickelt haben als jene, mit denen wir uns am meisten identifizieren. Wir sehnen uns unbewußt nach Ganzheit und werden daher von Menschen angezogen, die Energien ausdrücken, die in unserer eigenen Persönlichkeit wenig entwickelt sind. Auf einer bestimmten Ebene erkennen wir, daß sie das Potential haben, uns zu mehr Gleichgewicht zu verhelfen.

Wer verkörpert in
meinem Leben gegen-
sätzliche Energien?

11. Juni

Unsere besten Lehrer

Menschen, die unsere gegensätzlichen Energien verkörpern, können unsere besten Lehrer sein, wenn wir erkennen, daß sie jene Eigenschaften ausdrücken, die wir brauchen. Am Anfang einer Beziehung haben wir oft das Gefühl, daß uns die andere Person genau das bringt, was uns fehlt. Es ist gerade ihre Andersartigkeit, die sie für uns so attraktiv macht. Nach einer Weile beginnen wir aber, ihr zu verübeln, daß sie anders ist, und versuchen sie zu verändern, damit sie uns ähnlicher wird. Wir müssen uns erinnern, daß wir sie gerade deswegen angezogen haben, damit wir von ihr lernen und uns inspirieren lassen. Unsere Herausforderung ist, offen zu sein und zu entdecken, welche Teile von uns durch sie gespiegelt werden.

Die Menschen, die mit mir
in Beziehung stehen, sind
meine Lehrer.

12. Juni

Die Polarität von schlampig und ordentlich

Ein sehr häufiges Partnerschaftsproblem ist der Konflikt zwischen Spontaneität und Ordnung. Fast immer ist der eine Partner schlampig und der andere ordentlich. In Wirklichkeit handelt es sich um den Konflikt zwischen unserer linearen ordnungsliebenden Seite und unserer spontaneren, intuitiven und kreativen Seite. Ein Partner spielt den einen Teil, während der andere den gegensätzlichen Part übernimmt.

Eine Lösung des Konflikts ist erst dann in Sicht, wenn erkannt wird, daß wir beide Teile brauchen. Wir müssen lernen, einen Ausgleich zwischen den beiden Extremen zu schaffen.

Ich finde ein Gleichgewicht
zwischen Ordnung und Spontaneität
in meinem Leben.

13. Juni

Die Polarität von Bindung und Freiheit

Oft kommt es in einer Beziehung vor, daß sich eine Person nach stärkerer Bindung, mehr Tiefe und Vertrautheit sehnt, während die andere sich mehr Freiheit und Freiraum wünscht. Dieser äußere Konflikt spiegelt die entgegengesetzten Pole in unserem Inneren. Wir sehnen uns alle nach Nähe, Vertrautheit und Bindung, fürchten jedoch gleichzeitig den Verlust von Freiheit und Individualität. Wenn dieser Konflikt in einer Beziehung auftritt, müssen wir uns überlegen, welche Aspekte von uns er betrifft.

Ich kann innerhalb
der Bindung einer
engen Beziehung die
Freiheit finden, ich
selbst zu sein.

14. Juni

Die Polarität von emotional und rational

Ein Konflikt, der ziemlich häufig in Beziehungen vorkommt, hat seine Ursache darin, daß eine Person – traditions- und kulturbedingt meistens der Mann – einen rationalen Zugang zum Leben hat, während die andere – in unserer Gesellschaft häufig die Frau – sich von ihren Emotionen leiten läßt. Wenn beispielsweise eine sehr emotionale Frau und ein sehr rationaler Mann zusammenleben, so heißt das, daß dieser Mann von seiner Frau auf die Notwendigkeit hingewiesen wird, mehr mit seinen Emotionen und Gefühlen in Verbindung zu treten. Der Frau aber wird von ihrem Mann gezeigt, daß ihr die Entwicklung einer unpersönlicheren, distanzierteren Energie helfen würde, ihr Leben ins Gleichgewicht zu bringen.

Ich finde
das Gleichgewicht zwischen
Vernunft und Gefühl.

15. Juni

Die Notwendigkeit, den Gegenpol zu integrieren

Wenn es in einer Beziehung einen Konfliktstoff gibt, dann ist das meistens ein Zeichen dafür, daß jede Person für die andere eine Energie reflektiert, die sie zu entwickeln hat. Wenn nicht beide die gegensätzlichen Energien zu integrieren beginnen, werden sie sich noch weiter voneinander entfernen.

Innerhalb einer emotionalen/rationalen Polarität wird zum Beispiel die Frau beginnen, die emotionale Energie des Mannes zu übernehmen und emotional doppelt so stark zu reagieren wie bisher. Der Mann aber wird sich doppelt so viel Verantwortung für die Aspekte des Lebens aufladen, die einen rationalen Zugang erfordern. Beide können diesen Engpaß nur überwinden, indem sie einen Schritt in die entgegengesetzte Richtung tun.

Ich entwickle
und integriere
meine Gegenpole.

16. Juni

Meine Beziehungen sind Ausdruck meiner vielen Aspekte

Denk an eine Person in deinem Leben, mit der du ein Problem hast. Es kann dein Partner sein, jemand in der Arbeit, eines deiner Kinder oder sonst jemand aus deiner Familie, oder ein Freund. Frag dich, welche Eigenschaften diese Person hat, die sich von deinen unterscheiden. Diese Person könnte einen Aspekt von dir spiegeln, der dir nicht bewußt ist oder den du nicht zuläßt. Wenn dir dieser Aspekt negativ erscheint, versuche, die ihm zugrundeliegende positive Essenz zu entdecken. Wenn diese Person zum Beispiel gern herumkommandiert und aggressiv ist, könnte es sein, daß ein Teil von dir gespiegelt wird, der nach Bestätigung verlangt. Erscheint sie dir faul, dann werden vielleicht Aspekte von dir reflektiert, die zu mehr Gelassenheit neigen.

Ich entdecke den Spiegel
in jeder meiner Beziehungen.

17. Juni

Was kritisierst du gern?

Oft ist es schwierig zu erkennen oder zu akzeptieren, daß Leute, mit denen wir Probleme haben, tatsächlich jene Teile von uns spiegeln, die wir unterdrükken. Dies ist meistens dann der Fall, wenn du eine Person gern kritisierst. Insgeheim bist du vielleicht eifersüchtig, weil sie eine Art von Energie ausdrückt, die du zurückhältst oder nicht auszudrücken wagst. Diese Person kann auf entgegengesetzte Weise wie du aus dem Gleichgewicht sein, und es ist nicht notwendig, so wie sie zu werden oder ins andere Extrem zu fallen. Erkenn einfach nur, daß du nur ein wenig mehr von dieser Energie zu entwickeln brauchst.

Wenn du zum Beispiel ruhig und zurückhaltend bist, kann dich eine Person, die eine Menge Aufmerksamkeit auf sich zu ziehen scheint, zu ständiger Kritik reizen. Aber sie spiegelt bloß einen Teil von dir, der gerne mehr Beachtung finden würde.

Wo bin ich mir und anderen
gegenüber zu kritisch?
Welchen Bezug hat dies
auf einen Teil von mir,
den ich nicht akzeptiere?

Ablehnen und annehmen

Wir lehnen Dinge ab, weil wir sie fürchten oder Angst vor den Konsequenzen haben, die entstehen könnten, wenn wir uns ihnen stellten. Aber die wirklich ernsten Konsequenzen in unserem Leben kommen daher, daß wir Dingen ausweichen, anstatt uns mit ihnen auseinanderzusetzen, ob es sich dabei um die Erforschung unserer Emotionen handelt oder um das Erlernen, in finanziellen Dingen maßzuhalten. Annehmen ist einfach die Bereitschaft, sich etwas anzusehen und es zu verstehen, anstatt es abzulehnen.

Annehmen heißt nicht, daß wir Dinge in unser Leben lassen müssen, die nicht gut für uns sind. Wir müssen uns Grenzen setzen und fähig sein, zwischen dem, was richtig für uns ist und was nicht, zu unterscheiden.

Ich bin bereit, mich
mit allen Aspekten des
Lebens auseinanderzusetzen.

19. Juni

Unternimm zuerst äußere Schritte

Bereit zu sein, aus unseren Beziehungen zu lernen, heißt nicht, daß wir in Beziehungen ausharren sollen, die nicht gut für uns sind. Wenn uns eine Beziehung physisch oder emotional auslaugt, dann haben wir daraus zu lernen, wie wir uns schützen und unsere Grenzen wahren können. Das bedeutet auch, die Beziehung abzubrechen, wenn das der einzige Weg ist, um für unser eigenes Wohl zu sorgen.

Andere Leute können uns nur in dem Maße kritisieren oder ausnützen, wie wir es zulassen oder akzeptieren. Zuerst müssen wir äußere Schritte unternehmen, um uns zu schützen. Dann müssen wir in uns hineinsehen, um uns von der Art und Weise, wie wir uns selber kritisieren oder ausnützen, zu heilen, und statt dessen anfangen, uns zu lieben und zu unterstützen.

Ich setze mir
für mein eigenes Wohl und
zu meinem Schutz bestimmte
Grenzen.

20. Juni

Wir müssen auch positives Feedback anerkennen

Wenn wir beginnen, unsere Beziehungen als Spiegel zu betrachten, neigen wir oft dazu, nur das Negative zu sehen. Es ist wichtig, daß du das positive Feedback, das du aus deinen Beziehungen bekommst, genauso anerkennst wie das negative. Nimm dir Zeit, dir das Positive und Schöne, das du in deinem Leben geschaffen hast, in Erinnerung zu rufen, weil es auch eine Spiegelung von dir ist. Benütze das Negative, das du siehst, nicht als Grund, um dir Vorwürfe zu machen, sondern um festzustellen, was du noch zu lernen hast. Dein Leben ist ein fortschreitender Prozeß, ein Meisterwerk, an dem du ständig feilst und Verbesserungen vornimmst.

Durch die positiven
Spiegelungen meines Lebens
nehme ich meine Schönheit wahr.

21. Juni

Vorbilder spiegeln meine eigenen inneren Qualitäten

Denk an eine Person, die du bewunderst. Welche Eigenschaften schätzt du besonders an ihr? Glaubst du, daß du diese Eigenschaften auch in dir hast? Du wirst sie wahrscheinlich noch nicht in demselben Ausmaß entwickelt haben, aber sie sind da. Tu so, als ob ein Teil von dir dieser Person sehr ähnlich sei, und überleg dir, wie du diesen Teil aktivieren und in deinem Leben stärker zum Ausdruck bringen kannst. Stell dir vor, wie sich diese Person in einer bestimmten Situation verhalten würde, und laß dich von ihrer Energie erfassen. Bitte deinen inneren Führer, dir zu zeigen, wie du diesen Eigenschaften zum Durchbruch verhelfen kannst.

Ich trage die Eigenschaften,
die ich an meinem Vorbild
bewundere, bereits in mir.
Ich lerne jeden Tag mehr,
sie auszudrücken.

22. Juni

Beziehungen werden wir immer brauchen

Manchmal taucht die Frage auf, ob wir Beziehungen auch dann noch brauchen, wenn wir alles integriert und zur Ganzheit gefunden haben. Da sie aufzeigen, woran es uns fehlt, so müßten sie doch, sobald wir unsere Lektionen gelernt haben, überflüssig werden. Aber natürlich gibt es kein endgültiges Resultat, keinen Schlußpunkt, denn wir haben es mit einem ständig sich vertiefenden Entdeckungsprozeß zu tun.

Das Bedürfnis nach Liebe, Nähe und zwischenmenschlichen Beziehungen ist Teil unseres Menschentums. Je bewußter wir werden, desto mehr reflektieren unsere Beziehungen unsere vielen Facetten.

Meine Beziehungen
sind ein wichtiger
Teil meines Lebens.

23. Juni

Unsere Beziehungen sind heilbar

Beziehungen sind für viele von uns mit derart schmerzhaften Erfahrungen verbunden, daß wir nur schwer glauben können, daß es jemals eine Zeit in unserem Leben geben wird, in der wir alle Beziehungen vorwiegend als Stütze und als Quelle der Zufriedenheit erleben werden. Doch wenn wir bereit sind, unsere emotionale Arbeit zu verrichten, wird sich in unseren Beziehungen der Fortschritt spiegeln, den wir bei unserer Integration erzielen, und sie werden ein Widerschein unserer Lebendigkeit, Selbst-Liebe und unseres Selbst-Ausdrucks sein.

Durch meine Selbstheilung
verbessern sich meine
Beziehungen.

24. Juni

Der Tanz als Spiegel

Eine bewußte Beziehung ist ein Tanz, bei dem du dich durch die andere Person gespiegelt siehst. Jede der beiden Personen reflektiert ständig den Prozeß der anderen. Es ist ein gemeinsames Spiel, dessen Teilnehmer einander herausfordern und dadurch einander zu größerem Ausdruck verhelfen. Es ist ein Prozeß, der eine fortschreitende Öffnung bewirkt. Es ist ein Tanz miteinander und mit dem Leben.

Ich tanze
durchs Leben mit denen,
die ich liebe.

25. Juni

Sex ist Energie

Unsere Sexualität ist mit dem Energiestrom in uns, unserer Lebenskraft, verwandt. Sie kann von dem, was energetisch in einer Beziehung vorgeht, nicht getrennt werden. Sie ist eng damit verknüpft, wie wir mit unseren Emotionen umgehen und wie klar unsere Gefühle sind. Je mehr wir unsere Gefühle bewußt erlebt und ausgedrückt haben, desto reiner sind unsere Kanäle, und desto freier und freudiger kann die sexuelle Energie fließen.

Meine sexuelle Energie
fließt frei und klar.

26. Juni

Sexualität verlangt Ehrlichkeit

Eine der Schlüsselfunktionen innerhalb einer sexuellen Beziehung ist Ehrlichkeit. In welchem Maße bringen wir wirklich das zum Ausdruck, was wir fühlen? Halten wir etwas zurück? Diese Fragen sind schwerer zu beantworten, als wir glauben, da es so viele Ebenen von Ehrlichkeit und Unehrlichkeit sowohl uns selbst als auch anderen gegenüber gibt.

Es ist möglich, daß wir auf einer Ebene bewußt die Entscheidung treffen, über bestimmte Dinge nicht zu sprechen, weil wir glauben, daß sie die andere Person nicht akzeptieren würde. Auf einer anderen Ebene kann es sein, daß wir unsere wirklichen Gefühle nicht wahrhaben wollen, weil wir fürchten, daß sie für die andere Person unannehmbar sind. Wir halten auf subtile Weise Informationen und Gefühle zurück, ohne uns dessen bewußt zu sein. Letztendlich ist der Grund dafür immer unsere Angst, abgewiesen oder von der anderen Person verlassen zu werden.

Ich drücke
meine Gefühle
ehrlich aus.

27. Juni

Unehrlichkeit tötet Beziehungen

Jedesmal, wenn wir unsere Wahrheit auf irgendeiner Ebene zurückhalten, egal, ob auf subtile oder minimale Weise, blockieren wir den Fluß der Lebenskraft und beginnen uns und unsere Beziehung abzutöten, wobei unter anderem auch die Sexualenergie abnimmt. Dies ist häufig der Fall in lange andauernden Beziehungen.

Es ist sehr schwer, zu sich und anderen in jedem Moment ehrlich zu sein. Es liegt in der menschlichen Natur, daß wir versuchen, einander zu gefallen, das heißt, wir vermeiden es nach Möglichkeit, der anderen Person jene Seiten von uns zu zeigen, die unliebsam sind. Außerdem sehnen wir uns nach Sicherheit und fürchten daher das Risiko einer Enthüllung, die unsere Beziehung bedrohen könnte. Es gibt eine subtile Ebene, auf der wir Wahrheit zurückhalten. Der Grad an zurückgehaltener Wahrheit entspricht dem Grad an absterbender Energie in einer Beziehung.

Je aufrichtiger ich sein kann,
desto lebendiger fühle ich mich.

28. Juni

Hab Mut zur Ehrlichkeit

Eine lebendige, leidenschaftliche, erneuerungsfähige Beziehung aufrecht zu erhalten, die sexuell ist oder zumindest immer wieder durch sehr sexuelle Phasen geht, ist möglich.

Paradoxerweise bleibt eine Beziehung nur dann lebendig, wenn du bereit bist, sie aufs Spiel zu setzen. Du mußt dich deiner Furcht, die Beziehung zu verlieren, stellen, um deine Wahrheit zu leben und du selbst zu sein. Du mußt bereit sein, jene Seiten von dir zu zeigen, die du verstecken möchtest, weil du das Gefühl hast, daß sie unerwünscht sind und deine Beziehung bedrohen könnten, und wenn du gewillt bist, das zu tun, kann es sein, daß du die Beziehung verlierst, aber wahrscheinlicher ist, daß du eine sehr lebendige und starke Beziehung schaffst.

Ich riskiere es,
ich selbst zu sein.

29. Juni

Sexualität ist zyklisch

Es gibt Zeiten in unserem Leben, in denen wir sexuelle Gefühle haben, und Zeiten, in denen wir keine haben. Das betrifft auch unsere Beziehungen. Wir müssen dies anerkennen und diese Zyklen respektieren. Manchmal, wenn wir diese Energie nicht fühlen, fürchten wir, sie sei für immer und ewig verloren. Aber unsere sexuellen Zyklen unterliegen, wie alles in der Natur, einem Rhythmus. Zu bestimmten Zeiten ist es notwendig, daß wir uns nach innen wenden und die allein verbrachte Zeit dazu benutzen, unsere Energie aufzufüllen, um wieder das Verlangen zu spüren, mit einem anderen Menschen zu verschmelzen.

Ich respektiere
meine natürlichen
Energiezyklen.

30. Juni

Sex existiert auf vielen Ebenen

Sex existiert auf der spirituellen, mentalen, emotionalen und physischen Ebene. Sex auf der spirituellen Ebene bedingt die tiefe Verbindung zu einem anderen Wesen, die durch die tantrische Verschmelzung mit einer anderen Seele entsteht. Auf der mentalen Ebene verbindet uns unsere sexuelle Phantasie mit allen Möglichkeiten, die es gibt. Die emotionale Ebene der Sexualität schenkt uns Zufriedenheit, Liebe und Zuwendung. Die physische Ebene der Sexualität bewirkt Befreiung und Erfüllung für unseren Körper. Jede dieser Ebenen kann befriedigend sein, aber um uns ganz zu fühlen, müssen wir alle Ebenen erfahren.

Ich öffne
alle Ebenen
meiner Sexualität.

1. Juli

Das Drogenproblem

Die Drogensucht in unserer Gesellschaft hängt mit der kulturell bedingten Unausgewogenheit der männlich / weiblichen Polarität zusammen. Unsere Überbewertung der männlichen Energie und der damit verbundene Leistungsdruck unterdrücken unsere weiblichen Energien — unsere kreative, intuitive und spirituelle Verbindung. Manche Drogen verstärken diese Tendenz, indem sie uns ein Gefühl von Stärke und Macht verleihen. Andere Drogen lassen uns aus unserer linearen, von der linken Gehirnhälfte beherrschten Welt in die von der rechten Gehirnhälfte gesteuerte, visionäre und kreative Energie wechseln, doch auf eine verzerrte und destruktive Weise.

Um unsere Drogensucht zu heilen, müssen wir gesunde, kreative Wege finden, die uns helfen, das Gleichgewicht zwischen unseren männlichen und weiblichen Energien wiederherzustellen.

Ich finde einen Weg,
um meine männlichen
und weiblichen Energien
auszudrücken.

2. Juli

Wir sind süchtig

Wir leben in einer süchtigen Gesellschaft und neigen fast alle zu irgendeiner Art von süchtigem Verhalten. Manche sind süchtig nach Zucker, Kaffee oder Zigaretten, wir können aber auch süchtige Verhaltensmuster in bezug auf Geld, Arbeit oder Beziehungen entwickeln. Selbst Meditation ist für viele Leute eine Art Sucht. Jedes zwanghafte Verhalten, in das wir uns vor unseren wahren Gefühlen flüchten oder das wir als Ersatz benutzen, anstatt unsere wirklichen Emotionen zu befriedigen, kann zur Sucht werden. Unsere Kultur hat uns keine wirksamen Wege gezeigt, wie wir ein ausgewogenes Leben führen können, daher müssen wir sie selbst entdecken.

Ich lerne, meine wahren
Bedürfnisse auf natürliche
und ausgewogene Weise
zu befriedigen.

3. Juli

Drogen hemmen unsere dominierenden Persönlichkeiten

Alkohol und gewisse andere Drogen setzen den inneren Kritiker zeitweise außer Gefecht, ebenso den inneren Antreiber sowie unsere Schutz- und Kontrollmechanismen, während sie unseren untergeordneten Persönlichkeiten erlauben, sich zu zeigen. Unsere gefühlsbetonte, spontane, ausdrucksstarke, sinnliche Seite hat nun eine Chance, zum Vorschein zu kommen. Doch sobald die Wirkung der Drogen nachläßt, erlangen die dominierenden Persönlichkeiten wieder die Oberhand, besonders der innere Kritiker. Und damit schließt sich der Kreis. Denn wenn sich am Morgen danach die Stimme des inneren Kritikers meldet, haben wir nur den Wunsch, sie so schnell wie möglich wieder auszuschalten. Nur wenn wir diesen Teufelskreislauf durchbrechen, können wir uns den inneren Prozeß bewußt machen und versuchen, ins Gleichgewicht zu kommen.

Ich finde Wege,
um meine untergeordneten Persönlichkeiten
auf natürliche Art und Weise
zum Ausdruck zu bringen.

4. Juli

Tyrann und Rebell

Viele Leute mit Suchtproblemen identifizieren sich vorwiegend mit dem rebellischen Aspekt ihrer Persönlichkeit. Sie sind in ihrem inneren Konflikt zwischen Tyrann und Rebell gefangen. Der innere Tyrann hat viele Regeln über das, was wir tun und nicht tun sollen, und der Rebell macht es sich zur Aufgabe, diese Regeln zu brechen. Von unserem inneren Rebell beherrscht zu werden, ist keine echte Freiheit – es ist eine unbewußte, unkontrollierte Reaktion, die sehr destruktiv sein kann. Freiheit bedeutet, sich des inneren Tyrannen und Rebellen bewußt zu werden und sich von keinem der beiden mehr gängeln zu lassen.

Welche tyrannischen
und rebellischen
Aspekte sind in mir?

5. Juli

Sucht gleicht unser Bedürfnis nach Liebe aus

Unser inneres Kind hat bestimmte Grundbedürfnisse – nach Liebe, emotionalem und physischem Kontakt, Respekt und Selbstausdruck. Wenn diese Bedürfnisse in der Kindheit nicht voll befriedigt wurden (was selten der Fall war), entwickeln wir bestimmte Verhaltensweisen, die mißgeleitete Versuche sind, das Kind zu verwöhnen. Durch unsere Süchte, ob wir nun zu viel essen, Alkohol trinken, rauchen oder Drogen nehmen, versuchen wir, den Schmerz des Kindes zu betäuben und ihm für eine Weile Erleichterung zu verschaffen.

Natürlich hilft das nicht sehr viel und ist außerdem schädlich für Körper und Psyche. Was wirklich hilft, ist, das süchtige Verhalten zu stoppen, so daß wir mit den echten Bedürfnissen des inneren Kindes in Berührung kommen und Schritte zu ihrer Befriedigung unternehmen können.

Durch welche süchtigen
Verhaltensweisen versuche
ich mein inneres Kind
zu befriedigen?

6. Juli

Laß dir helfen!

Einer der wichtigsten Schritte im Umgang mit jeder Art von Sucht ist, sich von anderen helfen zu lassen. In einer Gruppe finden viele die Unterstützung, die sie durch ihre Familie nicht bekommen haben und die ihnen das Leben oft auch in anderer Hinsicht versagt hat. Da bei den meisten Leuten mit Suchtproblemen der innere Kritiker sehr stark ist, kann die Erfahrung, von einer Gruppe ohne Vorbehalt angenommen zu werden, ihnen helfen, mehr über bedingungslose Liebe zu lernen und ihrer Selbstkritik entgegenzuwirken.

Ich finde die Art
von Liebe und Unter-
stützung, die ich in
meinem Leben brauche.

7. Juli

Wir brauchen eine spirituelle Verbindung

Einer der Gründe, warum die von den meisten Gruppen verwendeten Zwölf-Stufen-Programme so erfolgreich sind, ist der, daß sie den Leuten helfen, eine direkte spirituelle Verbindung anzuknüpfen, so daß sie keine Drogen mehr benützen müssen, um dieselben Gefühle oder Wirkungen zu erreichen. Die Programme schaffen den Raum für die Erfahrung des Höheren Selbst, wohin viele mit Hilfe von Drogen zu gelangen versuchen.

Durch die emotionale Unterstützung der Gruppe ist es möglich, den Kontakt mit der spirituellen Essenz herzustellen, so daß die Basis für die psychologische Arbeit an unserer Heilung gegeben ist.

Ich stehe mit
meinem Höheren Selbst
in Verbindung.

8. Juli

Wie ist deine Beziehung zum Essen?

Essen ist eines der Hauptmittel, das wir als Ersatz für Liebe, Stärke oder Schutz in diesem Leben benutzen. Es hat eine Menge Funktionen, Wenn dein inneres Kind nicht umhegt und geliebt wird, dann kann es sein, daß du unbewußt versuchst, ihm Liebe in Form von bestimmter Nahrung zu geben. Aber was es wirklich braucht, ist Liebe, emotionaler Kontakt und/oder die Erlaubnis, seine Emotionen auszudrücken.

Ich gebe
meinem inneren Kind
echte Liebe, anstatt Ersatz.

9. **Juli**

Zucker ist ein Ersatz für Liebe

Viele Leute benutzen Zucker als Liebesersatz. Er schenkt ihnen dieselbe Art von Hochgefühl, das sie haben, wenn sie sich geliebt fühlen. Schokolade ist besonders wirksam. Zucker ist die Droge für das innere Kind, die ein zeitlich begrenztes Glücksgefühl bei ihm auslöst. Als gelegentliche Maßnahme mag das angehen, aber es ist kein Ersatz für die Liebe, die das Kind braucht. Gibt es gesündere Methoden, die unser inneres Kind glücklich machen?

Ich finde eine
gesunde ›Behandlung‹
für mein inneres Kind.

10. Juli

Koffein ist eine Droge

Koffein ist eine Droge und verstärkt die ohnehin schon überbetonten männlichen Werte von Produktivität und Rationalität. Die meisten Leute brauchen am Morgen eine Tasse Kaffee, um ›in Schwung zu kommen‹. Sie bringen ihren Körper mit Gewalt auf Hochtouren, um etwas leisten zu können. Aber wenn wir unseren Körper künstlich stimulieren, sind wir nicht mehr im Einklang mit unserem natürlichen Rhythmus und verlieren nicht nur den Kontakt zu unserem Körper, sondern auch zu unseren Emotionen.

Um vom Koffein loszukommen, ist die Bereitschaft nötig, den natürlichen Rhythmus des Körpers herauszufinden und sich ihm anzuvertrauen.

Ich lerne,
auf den Rhythmus
meines Körpers zu vertrauen.

11. Juli

Nahrung kann ein Ersatz für männliche Energie sein

Ernährungs- und Gewichtsprobleme hängen mit unseren unausgewogenen männlichen und weiblichen Energien zusammen. Wenn deine weibliche Energie gut entwickelt ist, deine männliche Energie jedoch weniger gut, wirst du dich unsicher und ungeerdet fühlen. Nahrung wird dann zu einem Ersatz für männliche Energie, und du versuchst mit ihrer Hilfe einerseits, dein verwundbares, inneres Kind zu schützen und andererseits, dich durch dein Übergewicht im physischen Körper zu erden. Weiters kann es sein, daß dir ein selbst auferlegtes Nahrungsverbot das Gefühl gibt, stark zu sein und dein Leben selbst zu bestimmen. Eine Methode zur Heilung dieser Probleme ist die Entwicklung einer konstruktiven, männlichen Energie, die dich unterstützt und erdet.

Ich erlaube
meiner männlichen Energie,
mich in der Welt zu unterstützen.

12. Juli

Lerne dich abzugrenzen

Ernährungs- und Gewichtsprobleme haben etwas mit Abgrenzung zu tun. Wenn du nicht weißt, wie du dich abgrenzen sollst, weil du nicht ›Nein‹ sagen kannst, oder wie du dich schützen und andere Leute auf Distanz halten kannst, dann bildet möglicherweise dein Übergewicht eine körperliche Schranke, die du dir zu deinem Schutz geschaffen hast. Die zusätzliche ›Polsterung‹ verleiht dir nicht nur ein Gefühl von Stärke und Erdung, sondern bewahrt dich auch vor der Absorbierung unerwünschter Energien. Es ist der Versuch des Körpers, das verwundbare innere Kind zu schützen, das durch seine Sensitivität alle möglichen fremden Emotionen und Energien auffängt.

Ich beschütze
mein verwundbares inneres Kind
durch klare Abgrenzungen.

13. Juli

Essen ist kein Muttterersatz

Ernährungsprobleme drehen sich oft in irgendeiner Weise um die Mutter oder die nährende mütterliche Energie. Wir müssen lernen, für uns selbst zu sorgen, uns selbst zu ›bemuttern‹, anstatt noch immer dem nachzuhängen, was wir von unserer leiblichen Mutter bekommen haben oder nicht.

Du kannst eine gute Mutter für dein inneres Kind werden, wenn du es mit Liebe, Verständnis und Unterstützung nährst. Und du kannst deinem inneren Kind ein guter Vater sein, wenn du ihm Schutz und eine Struktur bietest, die es stützen. Ob Mann oder Frau, wir müssen sowohl die Mutterenergie als auch die Vaterenergie zum Wohle unseres inneren Kindes entwickeln.

Ich bin meinem inneren Kind
eine gute Mutter und ein
guter Vater.

14. Juli

Iß gesunde Nahrung, die dir schmeckt

Wir haben die Tendenz, eine Menge Regeln aufzustellen über das, was wir essen sollen und was nicht. Immer wieder versuchen wir, eine bestimmte Diät einzuhalten, weil wir glauben, daß sie gut für uns sei, aber nach einer Weile lehnen wir uns dagegen auf. Als gute Eltern müssen wir unserem inneren Kind Nahrung geben, die es ausreichend versorgt und ihm schmeckt. Es ist nötig, ein Gleichgewicht zu schaffen zwischen Nahrung, die gesund und vollwertig ist und uns schmeckt.

Ich esse
gesunde, wohlschmeckende
Nahrung.

15. Juli

Finde heraus, was dein Körper gerne ißt

Wenn die Nahrungsaufnahme für dich keine Ersatzhandlung ist, sagt dir dein Körper, was er gerne ißt. Dann kannst du anfangen, auf ihn zu hören, und herausfinden, was er gern hat und was nicht. Der Körper ist sehr deutlich. Wenn du die meiste Zeit über das ißt, was dein Körper will, anstatt Dinge zu essen, von denen du glaubst, daß du sie essen solltest, wird dein Körper mit Gesundheit, Wohlbefinden und Lebendigkeit reagieren.

Heute achte ich darauf,
wie mein Körper auf das,
was ich esse, reagiert.

16. Juli

Die Praxis bewußten Essens

Bewußtes Essen setzt drei Schritte voraus. Zuerst gilt es, die emotionalen Beweggründe zu erforschen: Warum ißt du, was ißt du und was versuchst du wirklich damit zu erreichen. Finde heraus, was dein inneres Kind auf einer tieferen Ebene braucht, um es auf wirksamere Weise schützen und ernähren zu können. Zweitens, lerne, auf deinen Körper zu hören, und stell fest, was er braucht und was er gern hat. Du mußt wissen, daß sich das von Zeit zu Zeit ändert, je nachdem, wo du lebst, welches Wetter herrscht, wie es mit deiner Energie aussieht, was du machst und welchen Lebensstil du pflegst. Der dritte Schritt ist, wie du tatsächlich ißt. Wo ißt du, wie bereitest du dein Essen zu, wieviel Zeit nimmst du dir zum Essen?

Ich lerne,
bewußt zu essen.

17. Juli

Nimm dir Zeit zum Essen

Wieviel Zeit nimmst du dir für den Verzehr deiner Mahlzeiten? Setzt du dich hin zum Essen? Nimmst du dir Zeit, jeden Bissen zu genießen? Oder schlingst du schnell ein Sandwich hinunter, während du arbeitest?

Wir müssen uns für unsere Ernährung täglich die nötige Zeit nehmen, um für unser inneres Kind in Liebe zu sorgen.

Heute nehme
ich mir zum Essen viel
Zeit.

18. Juli

Schaff dir einen Raum für dich, wenn du ißt

Wo ißt du? Schaffst du dir einen schönen Raum, der groß genug ist, und setzt du dich nieder, wenn du deine Mahlzeiten einnimmst?

Um unsere Nahrung zu genießen und gut verdauen zu können, muß auch die Umgebung stimmen. Wir müssen uns selbst genügend lieben, um das Essen und den Raum dafür schön zu gestalten.

Heute schaffe ich mir
einen schönen Raum
zum Essen.

19. Juli

Bereite dein Essen mit Liebe zu

Egal, was du heute essen wirst, wichtig ist, daß du es mit Liebe zubereitest. Wirf nicht einfach irgend etwas in den Topf, du verdienst Besseres. Sei mit deinen Gedanken bei der Nahrung, die du zubereitest. Laß deine Augen wohlgefällig auf ihr ruhen, nimm ihren Geruch wahr und stell dir vor, wie sie schmecken wird. Du hast die Absicht, dich liebevoll damit zu ernähren. Verwende ein oder zwei Extraminuten, um dein Essen schön anzurichten, und deck den Tisch, selbst wenn du allein ißt.

Heute
bereite ich mein Essen
mit Liebe zu.

20. Juli

Führe dir auf vielen Ebenen Nahrung zu

Nahrung ist eine kompakte Form von Energie. Sie ernährt uns körperlich und führt uns gleichzeitig auch auf anderen Ebenen Energie zu. Wenn wir Dinge essen, die gut aussehen, gut riechen und schmecken und dabei an unser inneres Kind denken, ernähren wir uns nicht nur auf der physischen, sondern auch auf der emotionalen Ebene.

Laß jede Mahlzeit zu einer beglückenden Erfahrung in Selbstliebe werden, denn du ernährst dich auch auf spirituellen und ätherischen Ebenen. Denke bei allem, was du ißt, daran, daß die Erde dir diese Nahrung gibt, um dich zu ernähren.

Ich ernähre mich
auf vielen Ebenen.

21. Juli

Erregung

Erregung in ihrer natürlichen Form ist eine Empfindung, die wir haben, wenn wir fühlen, wie sich die Lebenskraft in uns bewegt. Es ist ein Zustand von hoher Bewußtheit und überströmender Lebensenergie. Doch die Erregung, die viele von uns für gewöhnlich in ihrem Leben verspüren, ist nichts anderes als eine Form von Adrenalinabhängigkeit. Diese Sucht bewirkt, daß wir selbst für eine Menge Aufregungen in unserem Leben sorgen, die uns zu einem ›Adrenalin-High‹ verhelfen. Diese Art von Erregung ist im Gegensatz zur natürlichen Form auf lange Sicht weder erfüllend noch befriedigend. Sie erschöpft uns und laugt uns aus. Wahre Erregung belebt uns, weil sie aus dem natürlichen Fluß unserer Energie entspringt.

Lebendig zu sein,
erfüllt mich mit
natürlicher Erregung.

22. Juli

Die Verbindung zwischen Erregung und Angst

Erregung und Angst sind eng verbunden. Oft empfinden wir Erregung, ehe wir sie zulassen, als Angst. Ein klassisches Beispiel dafür ist das Lampenfieber. Das Ausmaß von Lebenskraft, das während des bevorstehenden Auftritts durch uns fließen wird, ist so groß, daß sich der Körper davor zu fürchten scheint, und unsere erste Reaktion ist daher ein Zumachen, das wir als Angst spüren. Doch was wirklich darunter liegt, ist Lebendigkeit und Erregung.

Manchmal
kann sich hinter
meiner Angst
Erregung verbergen.

23. Juli

Männliche und weibliche Seiten der Sexualität

Um Sexualität voll zu erleben, müssen wir sowohl zu ihrer männlichen als auch zu ihrer weiblichen Seite Zugang haben. Traditionsgemäß entwickeln Männer die männliche Seite ihrer Sexualität, während die weibliche untergeordnet bleibt, so daß sie sich wohlfühlen, wenn sie aggressiv sind, Eroberungen machen und auf der körperlichen Ebene bleiben. Frauen sind meistens sinnlicher und emotionaler, so daß sie die sensitivere und verwundbarere Seite ihrer Sexualität erleben.

Natürlich ist das eine Verallgemeinerung, und es kann auch der umgekehrte Fall eintreten, daß der Mann seine Sensitivität und Sinnlichkeit mehr entwickelt hat als die aggressiven Aspekte seiner Sexualität, während manche Frauen ihre Freude an körperlicher Sexualität haben, echte emotionale Verwundbarkeit aber fürchten. Wie bei jeder Polarität müssen wir beide Seiten entwickeln, denn nur dann können wir uns frei bewegen und alle unsere Energien erleben.

Ich bringe sowohl die männliche
als auch die weibliche Seite
meiner Sexualität zum Ausdruck.

24. Juli

Polarität erzeugt Sexualität

Die Essenz der Sexualität ist der Magnetismus, der zwischen den beiden gegensätzlichen Energien des Universums besteht. Die größte Dynamik, Lebendigkeit und Energie, die es gibt, ist die Polarität zwischen den männlichen und weiblichen Energien. Ob eine Beziehung heterosexuell oder homosexuell ist, wir werden von den Eigenschaften der anderen Person angezogen, die mit unseren eigenen dominierenden Qualitäten einen Gegensatz bilden. Unsere Partnerin oder unser Partner hilft uns, jene gegensätzlichen Eigenschaften in uns selbst schätzen zu lernen, damit wir unsere volle Ausdrucksfähigkeit entwickeln können.

Welche Energien
ziehen
mich am
stärksten an?

25. Juli

Entdecke dein animalisches Selbst

Wir zivilisierten Menschen haben einen Teil von uns entmachtet – unser animalisches Selbst. Dieser Teil ist im physischen Bereich zu Hause und weiß instinktiv, wie wir überleben können. Er umfaßt unseren physischen Körper, unsere Instinkte, unsere Sexualität und unsere natürliche Aggression, die uns erlaubt, uns zu schützen und für uns zu sorgen.

Wir haben begonnen, diesen Aspekten immer mehr zu mißtrauen und sie zu fürchten, weil sie im Gegensatz stehen zu unseren mentalen und spirituellen Energien. Doch wir brauchen diesen Teil von uns genauso. Durch seine Unterdrückung haben wir die Verbindung zu einem großen Teil unserer Kraft verloren sowie unsere Fähigkeit, uns in der physischen Welt zu entfalten. Wir müssen die Verbindung mit unserem animalischen Selbst wieder aufnehmen und aus seiner Energie Kraft schöpfen.

Ich lerne
den animalischen Aspekt
in mir zu erkennen.

26. Juli

Unsere natürliche Sexualität wurde entmachtet

Weil wir unser animalisches Urselbst entmachtet haben, haben die meisten von uns den natürlichen Zugang zu ihrer physischen Sexualität verloren. Tatsächlich schämen sich viele Leute ihrer sexuellen Gefühle und ihres Körpers. Leider liegt gerade darin die Ironie, daß wir von dem, was wir so verzweifelt zu verdrängen versuchen, oft wie besessen werden. Wie wir unseren Filmen, Zeitschriften und vielen anderen Aspekten unserer Kultur entnehmen können, ist unsere Gesellschaft ziemlich besessen von physischer Sexualität, und zwar deshalb, weil diese ein wichtiger Aspekt unseres Wesens ist, mit dem wir wieder in Verbindung kommen wollen. Wenn wir diese Energie akzeptieren und wieder in Besitz nehmen, wird sie zu einem natürlichen, integrierten Teil unseres Lebens werden.

Meine Sexualität
ist ein natürlicher
Teil meines Lebens.

27. Juli

Nimm deine Aggression an

Wenn du etwas in dir nicht annimmst, dann kann es sein, daß du es auf andere projizierst. Es wird zu deinem Schatten und dadurch um so mächtiger, aber du gibst anderen die Schuld dafür.

Heutzutage identifizieren sich viele Leute mit Frieden, Liebe und Spiritualität. Sie verdrängen ihre Aggression und projizieren sie auf alle jene Leute, die in der Welt Krieg führen. Dann meditieren sie und beten um Frieden. Sie erkennen nicht, daß sie durch die Verdrängung der eigenen Aggression einen riesigen Schatten schaffen, der zum Krieg beiträgt! Um *wirklich* Frieden in der Welt zu schaffen, müssen wir mit unserer natürlichen Aggression Frieden schließen und lernen, in angemessener Weise mit ihr umzugehen.

Ich lerne,
meine aggressive Energie
zu erkennen und zu akzeptieren.

28. Juli

Der Krieger

Um deine eigene Aggression annehmen zu können, mußt du den Krieger in dir anerkennen und ehren. Ob Mann oder Frau, der Krieger ist ein wichtiger Teil von uns, der stark und aggressiv ist und uns schützt. Es ist jener Teil, der Grenzen setzt und in Aktion tritt, wenn diese Grenzen bedroht werden. Seine Funktion ist, unsere Sicherheit und unser Wohlbefinden zu schützen und Wahrheit und Recht zu dienen.

Ich ehre
den Krieger
in mir.

29. Juli

Der Krieger schützt uns

Wenn du keinen Zugang zu deinem Krieger hast, der tatsächlich jener Teil von dir ist, der dich physisch und energetisch in der Welt schützen kann, bist du ein Opfer und kannst verletzt oder mißbraucht werden.

Wenn du deinen Krieger entmachtet hast, bist du schutzlos. Es ist, als ob ein Loch in deinem Energiefeld wäre, durch das gewalttätige Energie eindringen kann. Daher ist es lebenswichtig, die Verbindung zu diesem Krieger zu deinem eigenen Schutz herzustellen.

Die in der östlichen Tradition verwurzelten Kampfsportarten aktivieren die Energie des inneren Kriegers in einem solchen Ausmaß, daß du sie nie wirklich einzusetzen brauchst. Dein Energiefeld enthält diese starke Energie, und das allein schützt dich.

Mein innerer Krieger
ist eine starke Energie,
die mich immer beschützt.

30. Juli

Lerne, mit der Energie deines Kriegers umzugehen

In unserer Kultur gibt es für die Energie des Kriegers keinen geeigneten Raum mehr, in dem diese zum Ausdruck gebracht und gewürdigt werden könnte.

Die alte Rolle des Kriegers ist tot. Für viele von uns ist es nicht mehr angebracht, zu kämpfen oder zu töten. Dennoch ist diese Energie ein wichtiger Archetypus, und wir müssen den richtigen Gebrauch von ihr machen, sonst wird sie einen negativen Ausdruck finden oder sich nach innen kehren.

Unser Krieger ist die Energie, die uns beschützt, so daß wir Gefahren, ohne Schaden zu nehmen, überstehen können. Sie ist der Teil, der uns hilft, für das einzustehen, was wir brauchen, wollen oder woran wir glauben. Wir müssen Krieger für die Wahrheit werden, die der Lüge den Kampf ansagen, und ein Leben der Wahrheit und Integrität führen.

Ich bin
ein Krieger für
Wahrheit und Leben.

31. Juli

Wie sich Krieg vermeiden läßt

Zwei Dinge erzeugen Krieg. Das erste ist die unbewußte Identifikation mit dem Krieger, die uns glauben läßt, daß Aggression die einzige Art und Weise sei, um Dinge zu bereinigen, und die daher offen zum Krieg führt. Die zweite Ursache ist die Verdrängung von Aggression und ihre Projektion auf andere.

Der einzig wahre Weg, Frieden in der Welt zu schaffen, ist, sowohl unsere friedliebende als auch unsere kriegerische Seite anzuerkennen und zu akzeptieren.

Ich schätze
den friedliebenden und
den kriegerischen Teil
in mir.

1. August

Das innere Kind ist die Quelle der Kreativität

Es ist wichtig, mit unserem inneren Kind Fühlung aufzunehmen, weil es der Schlüssel zu unserer Kreativität ist. Kleinkinder sind pausenlos kreativ, weil sie noch nicht so gehemmt sind. Sie spielen völlig unbeschwert mit ihrer Phantasie. Sie zeichnen und malen, singen und tanzen gern.

Als Kinder hatten wir alle diese Fähigkeiten, als Erwachsene haben wir sie unterdrückt. Wenn wir mit unserem inneren Kind Fühlung aufnehmen, setzen wir unsere Kreativität frei.

Mein kreatives
inneres Kind kommt heraus,
um zu spielen.

2. August

Der Schlüssel zur Kreativität ist Risikobereitschaft

Der Schlüssel zur Kreativität ist die Bereitschaft, etwas zu probieren und zu schauen, was geschieht. Unser kreatives inneres Kind ist der Teil von uns, der sich nicht fürchtet, etwas Neues zu versuchen. Wenn Kinder Bilder malen, machen sie sich keine Sorgen, weil sie Spaß daran haben. So können auch wir unsere kreative Energie speisen — indem wir bereit sind, Dinge auszuprobieren, die aufregend und neu sind. Wenn wir die Verbindung zu unserem inneren Kind herstellen, werden sich neue Bereiche von Kreativität in uns aufschließen.

Wenn ich bereit bin,
etwas Neues zu riskieren,
finde ich die Quelle
meiner Kreativität.

3. August

Wir sind alle kreativ

Viele Leute glauben, nicht kreativ zu sein. Diese Idee stammt aus einer frühen Prägung, die wir erhielten. Irgendwer erzählte uns, wir seien nicht kreativ, und wir schenkten ihm Glauben. Oder vielleicht wurden wir so oft kritisiert, daß wir keinen weiteren Versuch mehr wagten. In jedem Fall wurden wir nicht genug ermutigt und unterstützt, um unsere natürliche Kreativität auszudrücken, so daß wir zu dem Schluß kamen, nicht kreativ zu sein. Aber wenn wir diese begrenzenden Vorstellungen, Ängste und Blockierungen überwinden, wird unsere Kreativität durchbrechen.

Ich bin
kreativ.

4. August

Es gibt vielerlei Arten, kreativ zu sein

Viele Leute verbinden Kreativität nur mit bestimmten Ausdrucksformen wie zum Beispiel Tanz oder Musik, aber auch ein Geschäft oder einen Haushalt zu führen, ist kreativ. Das Erziehen von Kindern ist ein kreativer Beitrag zum Leben.

Um schätzen zu lernen, wie kreativ du wirklich bist, denk an die Dinge, die dir leichtfallen und dir Freude machen. Kannst du den kreativen Aspekt dieser Dinge sehen? Bist du dir bewußt, daß sie einen wichtigen Aspekt deines Wesens ausdrücken?

Ich erkenne
in allen Dingen,
die ich mache,
den kreativen Aspekt.

5. August

Um kreativ zu sein, mußt du etwas riskieren

Um kreativ zu sein, ist es unbedingt notwendig, etwas zu riskieren. Es hilft, wenn wir zuerst kleine Schritte setzen und nur einen nach dem anderen. Stell dir etwas Kreatives vor, das du gerne machen würdest, und überleg dir, welchen Schritt du zuerst in dieser Richtung tun könntest.

Viele Leute glauben, daß sie zu alt sind, um etwas Neues zu probieren, daß sie schon als Kind hätten anfangen müssen und daß es jetzt zu spät sei. Es ist nie zu spät. Niemand zwingt dich, deine Sachen herzuzeigen. Du machst sie für dich, zu deiner Freude und Befreiung.

Heute
werde ich eine neue
kreative Sache riskieren.

6. August

Unser Körper ist eine Form kreativen Ausdrucks

Wir wissen, daß jede und jeder von uns kreativ ist, ein spirituelles Wesen, das in eine physische Form kam. Diese physische Form ist der erste kreative Akt. Wenn wir uns innerlich verändern, verändert sich auch unser Körper, der ein Ausdruck unseres Geistes ist.

Je mehr du deinen kreativen Geist erkennst und zum Ausdruck bringst, desto mehr zeigt sich dieser Geist in seinem ersten kreativen Projekt — deinem Körper. Beobachte, in welcher Weise du deinen kreativen Geist in seinem Ausdruck blockierst und wie sich das in deinem Körper niederschlägt. Wenn du die Blockaden entfernst, wird sich diese Veränderung in deinem Körper spiegeln.

Mein Körper
ist ein Ausdruck
meines kreativen Geistes.

7. August

Der innere Kritiker kann die Kreativität blockieren

Bei Erwachsenen ist die Hauptblockade für die Kreativität der innere Kritiker, jener Teil von uns, der innerlich kritisiert, was wir tun. Unser innerer Kritiker hat aus unserer Umwelt gewisse Normvorstellungen übernommen und betrachtet es als seine Aufgabe, uns zu korrigieren, wenn wir etwas nicht so machen, wie es seiner Meinung nach sein müßte. Meistens ist er es, der uns davon abhält, die Art von Risiko einzugehen, die notwendig ist, um kreativ zu sein.

Denjenigen von uns, die ihrer Kreativität erlaubt haben, in ihr Leben einzufließen, ist es auf die eine oder andere Weise gelungen, den inneren Kritiker lange genug auszuschalten, um die Energie spontan durchkommen zu lassen.

Ich lasse
meine kreative Energie
in mein Leben fließen.

8. August

Der Perfektionist kann unsere Kreativität stören

Wenn dein innerer Perfektionist sehr dominant ist, wird es für dich schwierig sein, dich kreativ auszudrücken, weil ihm nichts gut genug ist. Du mußt eine Gegenstimme entwickeln, die dich ermutigt, Dinge zu tun, ohne dir schon im vorhinein allzu viele Gedanken über das Resultat zu machen. Als hilfreich kann sich auch ein ›Unterstützungskomitee für Kreativität‹ erweisen — eine oder mehrere Personen in deinem Leben, die dich ermutigen, deine kreativen Ideen auszuprobieren, ohne dich zu kritisieren.

Meine
kreativen Arbeiten
müssen nicht
perfekt sein.

9. August

Finde eine neue Richtung

Viele Leute sind in ihrem Leben zwar auf einem Gebiet kreativ, auf allen anderen aber nicht. Wenn du auf einem Gebiet kreativ bist, hast du einen Vorteil, denn du weißt, wie du deine kreative Energie fließen lassen kannst. Denk darüber nach, wie du das tust. Wenn du zum Beispiel Musik machst oder im Geschäft kreativ bist, was ist es, das dir erlaubt, kreativ zu sein? Wie schaffst du den inneren Kritiker aus dem Weg? Wie drückst du dich aus?

Überleg dir, wie du dieselbe Methode auch auf anderen Gebieten in deinem Leben einsetzen kannst, um deiner Kreativität zu erlauben, in eine neue Richtung zu fließen.

Ich setze
meine Kreativität
auf einem neuen
Gebiet ein.

10. August

Kreativität erfordert Freude am Experiment

Das fundamentale Prinzip der Kreativität ist, daß du *etwas* ausdrückst. Du mußt bereit sein, auch Dinge auszudrücken, die weder perfekt noch schön sind. Kreative Menschen sind bereit, Fehler zu machen. Fast alle erfolgreichen Leute sagen, daß die Zahl ihrer Mißerfolge größer sei als die ihrer Erfolge. Sie haben viele Dinge ausprobiert, die nicht immer funktioniert haben. Einige waren eine große Enttäuschung, aber sie haben nicht aufgehört, Risiken einzugehen und es wieder zu versuchen.

Ich bin bereit,
Fehler zu machen und
aus ihnen zu lernen.

11. August

Sei unbeschwert!

Kreativität ist spielerisch. Sie erfordert unbeschwerte Fröhlichkeit und Abenteuersinn. Lern die Dinge etwas leichter und nicht so ernst zu nehmen. Wenn wir uns selber zu ernstnehmen, wird uns die Lust am Abenteuer fehlen, die uns erlaubt, neue Gebiete zu erforschen.

Ich sehe dem
heutigen Tag voller
Abenteuerlust entgegen.

12. August

Kreativer Reinigungsprozeß

Hier ist ein Vorschlag, wie wir uns von Blockaden reinigen können, damit unsere kreative Energie wieder zu fließen beginnt. Besorg dir einige große Zeichenblätter und schöne Farbstifte und zieh dich zurück. Laß die Gefühle aufsteigen, die sagen, daß du nicht kreativ seist. Nimm einen Farbstift und schreib alle Zweifel und selbstkritischen Gedanken auf. Dann stell dich auf deine kreative innere Stimme ein, nimm einen anderen Farbstift und ein neues Blatt Papier und halte die Gefühle, Ideen und Phantasien deiner kreativen Stimme fest. Auf einem dritten Blatt Papier zeichne unter Verwendung so vieler Farben, wie du willst, ein Bild von dir, das zeigt, wie du deine Kreativität in der Welt ausdrückst. Mach dir keine Gedanken, ob dieses Bild künstlerisch ist oder nicht, sondern laß einfach dein kreatives Kind herauskommen und spielen.

Mein
kreatives inneres Kind
hat Spaß.

13. August

Kreativität erzeugt Freude und Spontaneität

Der Zweck der Förderung unserer Kreativität ist, uns zu erfreuen und zu fühlen, wie es ist, ein Kanal für die Schöpferkraft zu sein. Wenn wir uns bei allem, was wir tun, darauf konzentrieren, wird sich der Schwerpunkt von der Perfektion auf das Schöpferische verlagern, und wir werden dieselbe Freude empfinden wie Kinder, wenn sie spontan mit ihrer Energie mitgehen und ausdrücken, was sie fühlen.

Ich lasse
die kreative Energie
durch mich hindurchfließen.

14. August

Spiel mit deiner Phantasie

Wir stellen uns alle gerne vor, was wir tun würden, wenn wir nur könnten. Laß deinen Phantasien freien Lauf. Genieße sie! Frag dich: Welche Dinge tu ich gern? Was fällt mir leicht? Was macht mir Spaß? Was geht mir so natürlich von der Hand, daß ich gar nicht darüber nachdenke? Wie könnte ich das erweitern? Wäre es möglich, mit den Dingen, die mir am meisten Freude machen, meinen Lebensunterhalt zu verdienen? Leg dir keine Beschränkungen auf. Sei offen für alle Möglichkeiten, die du dir nie vorzustellen gewagt hast. Erforsche deine Phantasien und drücke sie durch Schreiben, Zeichnen oder im Gespräch mit anderen aus.

Ich erfreue mich
an meinen kreativen Phantasien.

15. August

Versuch einmal etwas anderes

Halte nach Möglichkeiten Ausschau, wie du dich kreativer und anders als bisher ausdrücken könntest. Steck dir keine zu hohen Ziele, sondern fang mit kleinen Dingen an, um nicht entmutigt zu werden. Unternimm als ersten Schritt etwas, was relativ leicht und vergnüglich für dich ist, und gratulier dir selbst dafür. Wenn du weitere kleine Schritte setzt, wirst du am Ende genau dort sein, wo du sein willst.

Worauf es wirklich ankommt, ist folgendes: Du kannst die Dinge in der gewohnten Weise wie bisher tun, was erprobt und sicher ist, aber auch ein wenig fad und langweilig, oder du kannst etwas Neues versuchen. Der Grund, warum wir nicht öfter etwas Neues ausprobieren, ist, weil unser innerer Beschützer befürchtet, dies könne nicht sicher genug sein. Aber wenn wir diesen Teil beruhigen und nicht zu viele neue Dinge auf einmal unternehmen, werden wir unser Leben aufregender und fröhlicher gestalten.

Heute
werde ich
etwas Neues ausprobieren.

16. August

Kreativität ist die Summe aus männlicher und weiblicher Energie

Kreativität ist eine Mischung aus männlicher und weiblicher Energie. Es ist das Empfangen der schöpferischen Kraft (weiblich) und das Ausdrücken derselben (männlich). Wenn wir von ›kreativ‹ sprechen, denken wir normalerweise an den spontanen, weniger strukturierten, ›künstlerischen‹ Typ. Tatsächlich ist Kreativität jedoch die Fähigkeit, den schöpferischen Geist in der physischen Welt zu manifestieren. Es ist eine Integration der beiden Prinzipien.

Schöpferische Fähigkeiten zu haben, ohne sie zu manifestieren, heißt, nicht kreativ zu sein, Produktion ohne Verbindung zur Quelle ist ebenfalls keine Kreativität. Wahre Kreativität erfordert sowohl Inspiration als auch Disziplin.

Ich manifestiere
meine Kreativität durch
Inspiration und Disziplin.

17. August

Nimm Verbindung mit deiner weiblichen Energie auf

Finde einen Ort, egal ob drinnen oder draußen, wo du ungestört bist und genügend Platz hast, um dich zu bewegen. Stell dich mit leicht gebeugten Knien hin und atme langsam und tief ein und aus. Stell dir vor, daß die nährende, weibliche Energie aus der Erde durch deine Fußsohlen aufsteigt und deinen ganzen Körper erfüllt. Beginn dich zu bewegen oder herumzugehen und spür dabei die weibliche Energie in deinem Körper. Du fühlst dich offen, sinnlich, empfangend, intuitiv und stark. Spür deine Verbindung mit allem, was rund um dich ist. Wenn du eine Frau bist, stell dir vor, daß du eine Göttin bist. Wenn du ein Mann bist, stell dir vor, daß du eine Göttin in dir hast. Laß deinen Körper sich mit der Energie dieser Göttin bewegen.

Ich lasse
weibliche Energie
durch mich fließen.

18. August

Tritt mit deiner männlichen Energie in Verbindung

Finde einen Ort, egal ob drinnen oder draußen, wo du ungestört bist und genügend Platz hast, um dich zu bewegen. Stell dich mit leicht gebeugten Knien hin und atme langsam und tief ein und aus. Stell dir vor, daß du mit jeder Zelle deines Körpers männliche Energie aufnimmst, bis du ganz erfüllt davon bist. Beginn dich zu bewegen oder herumzugehen und fühle, wie stark, klar und konzentriert du bist. Spür deine Individualität, deine Verschiedenheit von allem, was dich umgibt. Wenn du ein Mann bist, stell dir vor, daß du ein Gott bist. Wenn du eine Frau bist, stell dir vor, daß du einen Gott in dir hast. Laß deinen Körper sich mit der Energie dieses Gottes bewegen.

Ich lasse
männliche Energie
durch mich fließen.

19. August

Bring deine männliche und weibliche Energie ins Gleichgewicht

Achte auf den Unterschied, den du fühlst, je nachdem ob deine weibliche oder deine männliche Energie durch deinen Körper strömt. Sei dir bewußt, wie verschieden du aus jeder der beiden Perspektiven mit deiner Umwelt in Beziehung trittst. Jede der beiden ist wichtig und stark. Spiel mit diesen unterschiedlichen Energien in deinem Leben und laß sie kommen, wenn du sie brauchst. Versuch, ob du beide gleichzeitig spüren und zwischen ihnen ein Gleichgewicht schaffen kannst.

Ich bringe
meine männliche
und weibliche Energie
ins Gleichgewicht.

20. August

Der kreative Prozeß ist zyklisch

Der kreative Prozeß ist zyklisch. Es ist eine Bewegung, die zwischen der männlichen und der weiblichen Energie hin- und hergeht. Das heißt nicht, daß du versuchen sollst, jederzeit vollkommen ausgeglichen zu sein. Gewöhnlich wirst du dich eine Weile an einer Stelle aufhalten, ehe du zur nächsten weitergehst. Sobald du die verschiedenen Energien auseinanderhalten kannst, wirst du imstande sein, zu erkennen, wann du zu lange in einem Modus verharrt hast und es an der Zeit ist, einen Wechsel zuzulassen.

Ich werde mir
des ständigen Wechsels
zwischen männlicher und
weiblicher Energie bewußt.

Überschuß an männlicher Energie

Männliche Energie hat die Tendenz, sobald sie einmal in Gang gekommen ist, nicht mehr anhalten zu wollen. Wenn du das Gefühl hast, dich zu verausgaben, so ist das ein Zeichen, daß du den Punkt, an dem es Zeit war, auf einen weiblichen Modus überzuwechseln, bereits überschritten hast. Oft äußert sich dies auch in der Form, daß du nicht weißt, was du tun sollst, und deine männliche Energie in Panik gerät, weil ihr Modus das *Tun* ist. Sie will immer etwas tun, selbst wenn dies nicht angebracht ist. Wenn du diesen Punkt überschreitest, kann es sein, daß du in einen depressiven Zustand fällst oder krank wirst. Auf irgendeine Art wirst du gezwungen, das Gleichgewicht wiederherzustellen.

Ich lerne,
meine männliche Energie
zu erkennen.

22. August

Überschuß an weiblicher Energie

Wenn wir zu lange im weiblichen Modus verweilt haben, wird es uns schwerfallen, etwas zu schaffen. Wir haben zwar viele kreative Ideen, doch diese bleiben im Planungsstadium, ohne eine konkrete Form anzunehmen. Die weibliche Energie kann Angst vor Kompromissen haben, die notwendig sind, wenn eine Idee Gestalt annehmen soll. In unserer Phantasie sind unsere Ideen immer vollkommen. Wenn wir sie zu Papier bringen, müssen wir der Tatsache ins Auge sehen, daß wir Schiffbruch erleiden könnten. Wenn wir der Perfektion in unserer Vorstellung den Vorzug geben, sind wir zu sehr dem weiblichen Modus verhaftet.

Ich lerne,
meine weibliche Energie
zu erkennen.

23. August

Eine Zeit des Forschens

In ihren traditionellen männlichen und weiblichen Rollen haben sich Männer völlig mit ihrer männlichen und Frauen mit ihrer weiblichen Energie identifiziert. Sie waren in ihren Rollen festgefahren und konnten nur die Hälfte ihres Potentials zum Ausdruck bringen, da sie die andere Hälfte verdrängen mußten. Männer litten genauso darunter, von einer Seite ihrer Psyche abgeschnitten zu sein, wie die Frauen. Während die Frauen sich in der Welt entmachtet fühlten, vermißten die Männer den Zugang zu ihren Gefühlen und zu menschlicher Nähe und Wärme. Zum Glück leben wir in einer Zeit, in der es uns endlich freisteht, zu erforschen, wer wir sind, und alle unsere Aspekte auszudrücken.

Ich erforsche
alle meine Aspekte und
bringe sie zum Ausdruck.

24. August

Die Herausforderung unserer heutigen Zeit

Was die Rolle von Mann und Frau betrifft, so leben wir in einer verwirrenden Zeit, die gleichzeitig eine Herausforderung ist. Es steht uns zwar frei, unseren männlichen oder weiblichen Gegenpol zu erforschen und auszudrücken, aber wir haben Schwierigkeiten, das Gleichgewicht zu finden. Viele Frauen haben ihre männliche Energie entwickelt, und viele Männer kultivieren ihre weiblichen Aspekte — und nun haben viele von uns das Gefühl, mit dieser neuen Rolle in einer Sackgasse gelandet zu sein. Die Frauen fragen sich, wie sie Erfolg und Macht in der Welt mit Heim und Familie vereinen können, und die Männer versuchen herauszufinden, wie sie ihre Gefühle, Sensitivität und Verletzbarkeit zum Ausdruck bringen können, ohne etwas von ihrer Stärke und aggressiven Energie einzubüßen.

Ich finde
für meine männliche und
weibliche Energie ein
Gleichgewicht.

25. August

Integration männlicher und weiblicher Energie bei der Frau

Frauen haben die traditionelle Rolle der Hausfrau und Mutter so lange schon gespielt, daß jetzt viele von ihnen ins andere Extrem übergewechselt sind. Sie sind ausgezogen, um sich die männliche Welt zu erobern und Karriere zu machen. Für Heim und Familie, Beziehungen und traditionelle Werte haben sie nur wenig übrig.

Aber das ist das andere Extrem, und viele Frauen beginnen zu erkennen, daß sie das Gleichgewicht zwischen Erfüllung im Beruf und Zufriedenheit in der Familie finden müssen. Das ist eine Herausforderung und ein Ziel, das sich lohnt und erreichbar ist.

Ich finde
Erfüllung in meiner Arbeit
und in meinen Beziehungen.

26. August

Integration männlicher und weiblicher Energie beim Mann

Viele Männer fühlen sich in dieser Zeit der sich verändernden Rollen völlig verloren. Sie stehen vor der schwierigen Aufgabe, ihre Sensitivität und weibliche Seite zu entwickeln, ohne jedoch ihre maskulinen Aspekte zu verlieren. Sie sind verwirrt und wissen nicht, wie sie sich selbst emotional unterstützen können. Und ich glaube, daß auch die meisten Frauen nicht wissen, wie sie ihnen helfen sollen. Es gibt keine Vorbilder, und es muß uns klar sein, daß dies eine wirklich große Veränderung ist.

Ich
bin sensitiv
und stark.

27. August

Der neue Mann

Was ist Männlichkeit? Was bedeutet es, ein Mann zu sein — ein integriertes, männlich/weibliches Wesen — in einem männlichen Körper? Männer haben wenig Vorbilder für ihre neue Rolle. Diejenigen, die sich mit dieser Arbeit befassen, *sind* die neuen Rollenvorbilder. Ihr inneres Wissen wird ihnen sagen, was sie zu tun haben. Sie müssen sich auf ihre Intuition verlassen und sich gegenseitig unterstützen. Die Frauen in ihrem Leben können ihnen nicht als Vorbild dienen.

Frauen haben oft den Drang, sich vorzustellen, was sie tun könnten, um den Männern zu helfen. Doch dies ist nicht Sache der Frauen. Ihre Sache ist, an sich selbst zu arbeiten.

Männer: Ich werde ein integrierter Mann.
Frauen: Ich respektiere und schätze die
Männer in meinem Leben.

28. August

Die neue Frau

Was ist Weiblichkeit? Was bedeutet es, eine Frau zu sein – ein integriertes, weiblich/männliches Wesen – in einem weiblichen Körper? Die Frauen haben die Aufgabe, aufzuhören, die Männer auf subtile Weise, die selbst emanzipierten New Age-Frauen unbewußt zu eigen ist, nach ihrer Vorstellung formen zu wollen. Wir müssen offen und ehrlich mit den Männern in unserem Leben über alles sprechen, was wir wollen oder nicht, was uns gefällt oder nicht, und was wir fühlen. Sodann ist es notwendig, daß wir uns mit der Integration unserer eigenen männlichen und weiblichen Energie befassen. Dies ist sehr schwierig, weil wir unser Hauptaugenmerk gern auf die Männer richten.

Frauen: Ich konzentriere mich
auf meinen eigenen Prozeß.
Männer: Ich respektiere und schätze
die Frauen in meinem Leben.

29. August

Begeisterung

Begeisterungsfähigkeit ist eine Eigenschaft, die ihrer Natur nach aus dem Fluß der Lebenskraft in uns entspringt und uns zu neuen Entdeckungen und Erfahrungen trägt. Bei vielen wurde diese Eigenschaft in der Kindheit unterdrückt, als man uns verbot, unseren spontanen, kreativen Impulsen zu folgen. Wir können unsere Begeisterungsfähigkeit wiedererwekken, indem wir unserem Gefühl folgen und auf unsere Intuition vertrauen, neue Erfahrungen erforschen und die Dinge tun, die wir wirklich gerne tun.

Ich bin
von meinem Leben
begeistert.

30. August

Das Leben zeigt uns, was wir wissen müssen

Folge kreativen Ideen und Impulsen. Folge deinem Herzen, denn solange du ihm folgst, wirst du Schritt für Schritt geleitet werden. Wenn du auf diese Weise lebst, so schließt das nicht aus, daß du Fehler machst oder Fehlschläge erleidest, doch es bedeutet, daß dein Leben von Grund auf besser funktioniert. Aber du mußt bereit sein, loszulassen, wenn Dinge nicht funktionieren, und weitermachen mit dem, was funktioniert.

Ich vertraue
mich dem Fluß
meiner Kreativität an.

31. August

Das Leben ist ein Lernprozeß

Um ein gelungenes Leben zu führen, mußt du dir bewußt werden, was nicht funktioniert. Wenn du bereit bist, selbst an deiner spirituellen und psychologischen Entwicklung zu arbeiten, wirst du aus deinen Erfahrungen lernen und dadurch ständig wachsen. Statt dich als Opfer widriger Umstände zu fühlen, erkenne, daß, wenn die äußeren Dinge nicht stimmen, dies nur eine Spiegelung von etwas in deinem Inneren ist.

Ich habe es mir zur Aufgabe gemacht, mein Leben auf diese Weise zu nutzen, das hat mir ermöglicht, auch scheinbar ausweglose Situationen in lehrreiche Erfahrungen zu verwandeln. Jedesmal, wenn sich innerlich ein Wachstumsschritt vollzieht, beginnen auch auf der physischen Ebene die Dinge zu funktionieren. Unterzieh dich dieser Arbeit, und du wirst sehen, wie sich alles wandelt.

Ich benutze
die aus meinem Leben gewonnenen
Erfahrungen, um mich zu verändern
und zu wachsen.

1. September

Wahrer Reichtum ist einfach und ausgewogen

Für viele Leute sind finanzieller Reichtum und physischer Besitz eine Sucht. Wir versuchen uns mit Dingen Befriedigung zu verschaffen anstatt mit dem, was wir uns wirklich wünschen und was wir brauchen, nämlich Liebe, emotionalen Kontakt und kreativen Selbstausdruck. Je bewußter und integrierter wir werden, desto mehr wird unser Leben Wärme und Geborgenheit, Liebe und kreative Erfüllung spiegeln, und desto weniger werden wir den Drang spüren, Geld und Besitztümer anzuhäufen.

Wenn wir uns vom Fluß unserer natürlichen Energie leiten lassen, wird unser Leben einfach und ausgeglichen werden. Wir haben alles, was unser Herz begehrt, im Überfluß, doch wir verschwenden nichts.

Ich gönne
mir die Dinge, die ich wirklich
brauche, und führe ein einfaches und erfülltes Leben.

2. September

Geld ist ein Spiegel

Deine Beziehung zu Geld läßt sich auf dieselbe Weise betrachten wie jede andere Beziehung – als eine Spiegelung deines inneren Integrationsprozesses. Geld spiegelt deine Beziehung zu deiner kreativen Energie.

Geld ist nicht etwas für sich allein, es ist ein Symbol. Geld stellt kreative Energie dar. Die Art und Weise, in der Geld in dein Leben fließt, hat etwas damit zu tun, wie deine Lebensenergie fließt. Wie du mit dieser Energie umgehst, spiegelt sich darin, wie Geld für dich arbeitet.

Welche Funktion
hat Geld in meinem Leben?
Was könnte dies in bezug
auf meine Lebensenergie
spiegeln?

3. September

Männliche Energie und ihr Zugang zum Geld

Die männliche Energie hat einen physischen Zugang zum Geld, der sich auf die Lösung von Problemen in der Welt konzentriert und daher im allgemeinen auch etwas einbringt. Männer und Frauen mit starker männlicher Energie sind meistens fähig, Geld zu beschaffen und damit auf praktische Art umzugehen. Aber sie haben unterschwellig das Gefühl, dies sei die Frucht ihrer eigenen Anstrengung. Sie fühlen sich oft ohne Verbindung zur Kraft des Universums, so daß es sie eine Menge Arbeit und Kampf kostet und oft Ausgebranntsein und Erschöpfung zur Folge hat. Sie verlieren häufig die Freude am Spiel und das Vergnügen am Leben.

Wenn du dich zu stark mit männlicher Energie identifizierst, dann ist Geld für dich nicht mit Freude verbunden, sondern in erster Linie mit harter Arbeit, Sorge für den Lebensunterhalt und Verantwortung.

Ist meine Beziehung
zu Geld von übertriebenem Ernst
und Zwang geprägt?

Die weibliche Energie und ihr Zugang zum Geld

Männer und Frauen, die sich mehr mit ihrer weiblichen Seite identifizieren, sind häufig kreativ, künstlerisch und spontan. Sie neigen dazu, im Umgang mit Geld unpraktisch oder nachlässig zu sein. Sie zeigen wenig Interesse, sich darum zu kümmern, daß ihr Bankkonto ausgeglichen ist, oder ein Budget zu erstellen, weil sie das Gefühl haben, solche Kleinlichkeiten würden sie in ihrer Freiheit behindern. Sie haben die Tendenz, zu viel auszugeben und dann in finanzielle Schwierigkeiten zu geraten. Ihrer Lebensphilosophie zufolge wird das Universum schon alles regeln, was zwar eine spirituelle Wahrheit ist, vor finanzieller Bedrängnis aber nicht schützt. Oft hat dieser Personentyp Schwierigkeiten, seine Energie auf eine wirksame Weise in der Welt einzubringen — der klassische, ewig mit finanziellen Schwierigkeiten kämpfende Künstler.

Habe ich die Tendenz,
im Umgang mit Geld
unpraktisch zu sein?

5. September

Der Geldkonflikt

Die Polarität zwischen männlicher und weiblicher Energie spiegelt sich oft in den in einer Beziehung vorkommenden Geldstreitigkeiten. Von den beiden Partnern geht häufig der oder die eine sorgfältig, praktisch und sehr verantwortungsvoll mit Geld um, während der oder die andere spielerischer und freigebiger ist. Dieser Konflikt kann unangenehme Probleme verursachen, sofern die beiden Partner nicht erkennen, daß jeder das spiegelt, was der andere entwickeln soll, und beginnen, bei sich selbst den Gegenpol zu kultivieren.

Habe ich mit jemandem
in Geldfragen Konflikte?
Was spiegelt sich
darin für mich?

6. September

Warum ist Geld so wichtig für dich?

Wenn du die Tendenz hast, Geld überzubewerten oder übervorsichtig im Umgang mit ihm zu sein, dann mußt du dich fragen, was geschehen würde, wenn es etwas weniger wichtig für dich wäre und du es einfach fließen lassen könntest. Doch gerade davor hat der von männlicher Energie dominierte Personentyp Angst, da es ihn verletzbar machen könnte. Für ihn ist es leicht, hinauszugehen und etwas zu tun, aber die Empfangsfunktion ist blockiert. Zu empfangen heißt, offen zu sein für Verletzbarkeit. Aber es bedeutet auch, einen leichteren Zugang zu finden und die Dinge nicht so ernst zu nehmen. Du brauchst nicht allein die Bürde so schwerer Verantwortung zu tragen – wenn du lernst, dich mehr zu entspannen und zu vertrauen, kann das Universum dich umsorgen.

Ich lerne,
mich zu entspannen und
darauf zu vertrauen,
daß für mich gesorgt werden wird.

Warum hast du Angst vor Geld?

Wenn es für dich schwierig ist, mit Geld verantwortungsvoll umzugehen, dann frag dich, warum du vor dem Umgang mit Geld Angst hast. Welcher Teil von dir fürchtet sich? Für den spontanen, kindhaften Teil von uns stellt die Bewältigung der Alltagsprobleme, einschließlich des Finanziellen, einen Eingriff in die Kreativität dar.

Aber Form (Geld) und Geist (Kreativität) brauchen keine Feinde zu sein. Die Form hat die Funktion, den Geist in der physischen Welt zu unterstützen. Wenn du lernst, dein Geld realistisch und weise zu verwalten, wirst du deinen kreativen Geist in der Welt wirksamer zum Ausdruck bringen können.

Der verantwortungsvolle Umgang
mit meinem Geld unterstützt
meine Kreativität und Freiheit.

8. September

Akzeptier deine Verantwortung für Geld

Wenn es um Geld geht, verhalte dich nicht wie ein Kind, das will, daß ihm jemand die Verantwortung abnimmt. Wenn du nicht selbst dein Geld verwaltest, egal, wieviel du hast, wirst du übervorteilt werden oder es auf irgendeine Art verlieren. Du mußt die Verantwortung für dein Geld selber übernehmen und dich genügend informieren, um vernünftige Entscheidungen treffen zu können. Aktiviere deinen inneren ›Finanzmanager‹ und sei offen genug, um von anderen zu lernen, die wissen, wie man mit Geld umgeht.

Ich lerne,
mein Geld weise und
geschickt zu verwalten.

Geldnot kann eine leitende Kraft sein

Manche Dinge tun wir nur, weil wir das Geld brauchen. Das könnte als ein negatives Motiv erscheinen, aber vielleicht steckt das Universum dahinter. Dieser Motivation haben wir es möglicherweise zu verdanken, daß wir etwas lernen oder kreative Arbeit leisten, was wir sonst nicht getan hätten. Wenn du Geld brauchst, so zeigt dir vielleicht das Universum, daß du etwas Bestimmtes tun sollst, das deinem eigenen Wachstum dient. Indem du Geld dafür bekommst, läßt dich das Universum wissen, daß du auf dem richtigen Weg bist. Solange du deiner inneren Führung folgst und tust, was sie dir sagt, wirst du von jeder Erfahrung profitieren.

Habe ich aus
Geldnot eine
wichtige Erfahrung
gemacht?

10. September

Wir steuern auf eine uns erfüllende Karriere zu

Es gibt Zeiten, in denen es durchaus zweckmäßig sein kann, einfach nur für den Lebensunterhalt zu arbeiten. Das kann dir die nötige Stabilität geben, die du zu dieser Zeit vielleicht brauchst, und die erlernten Fertigkeiten können sich später als nützlich erweisen. Wenn du dich zu einer Arbeit hingezogen fühlst, die nicht den Anschein erweckt, das endgültig Richtige für dich zu sein, dann mußt du dir wahrscheinlich gewisse Fertigkeiten im Hinblick auf einen späteren Zeitpunkt in deinem Leben aneignen oder Erfahrungen für eine bedeutendere Arbeit sammeln.

Alles, was ich tue,
ist ein Beitrag zu dem sinnvollen Werk,
das der Zweck meines Lebens ist.

11. September

Geld gehört uns nicht wirklich

Geld symbolisiert den Fluß der Lebensenergie, die aus der unendlichen Quelle entspringt. Je mehr du deiner eigenen Energie vertraust und folgst, desto besser wird es in deinem Leben mit dem Geld funktionieren. Es wird von selbst ins Gleichgewicht kommen.

Ich habe gelernt, auf etwas zu hören, von dem ich fühle, daß es die Höhere Macht ist, und zu tun, was sie mir sagt. Und dann erhalte ich auch das nötige Geld dafür.

Sobald ich meiner
höheren Führung gehorche,
fließt Geld in mein Leben.

Wahrer Erfolg

Was ist wahrer Erfolg? Besteht wahrer Erfolg einfach darin, ein fabelhaft einträgliches Geschäft zu haben und eine Menge Geld zu machen? Oder besteht wahrer Erfolg darin, ein ausgeglichenes, integriertes Leben zu führen, in dem wir Glück und Erfüllung finden. Zum einen Teil besteht Erfolg darin, etwas zu leisten, der Welt etwas zu geben, und zum anderen Teil darin, daß wir dafür etwas bekommen, eine entsprechende Wertschätzung, abgegolten in Geld. Doch unsere einseitige, männlich ausgerichtete Geschäftswelt hat für jene anderen Dinge, wie ein erfülltes Familienleben oder gute Gesundheit, keinen Platz.

Ich definiere
Erfolg auf meine eigene Weise,
je nachdem, was mir Glück und
Erfüllung schenkt.

13. September

Jede Arbeit dient dem Ganzen

Es ist ein menschliches Grundbedürfnis, zu fühlen, daß wir dem Ganzen dienen und auf irgendeine Art einen Beitrag zu der Welt, in der wir leben, leisten. Als unsere Gesellschaft immer komplexer wurde, haben viele von uns das Gefühl dafür verloren, wie ihr Tun mit der restlichen Welt verknüpft ist und ihr dient. Das führt zu einem Gefühl der Unzufriedenheit und Leere – einem emotionalen Bankrott. Gleichgültig, welche Arbeit du verrichtest, du *tust* einen lebensnotwendigen Dienst. Schau dir an, was du machst, und erkenne, welchen Beitrag du leistest. Sieh die Verknüpfung zwischen deiner Arbeit und der der anderen. Nur so kannst du dich in deiner Arbeit erfüllt und zufrieden fühlen.

Ich leiste
durch meine Arbeit
meinen Beitrag zur Welt.

14. September

Arbeit muß nicht Mühsal bedeuten

Wir neigen zu dem Glauben, daß Arbeit mit Opfer und Entbehrung verbunden sei. Daß wir, um zu überleben, kämpfen und hart arbeiten müssen, und es daher nicht realistisch sei, zu erwarten, Arbeit könne vollkommen erfüllend sein. Wir müssen uns von diesem alten Gedankengut befreien. Wir haben ein Recht auf eine Arbeit, die sinnvoll ist. Wir müssen einen neuen Glauben schaffen, der besagt, daß wir Anspruch auf ein erfülltes Leben haben und auf eine Arbeit, die uns begeistert und Freude macht. Diese Erwartung gilt es, in die Tat umzusetzen.

Meine Arbeit
ist ein leidenschaftlicher
und erfüllender Teil meines
Lebens.

15. September

Diene dem Universum

Dem Höheren Guten zu dienen, wird sich als genau das erweisen, was du am liebsten tust. Deine Leidenschaft für das Leben mit anderen zu teilen und Dinge zu tun, die dich begeistern, das ist der Ausdruck deiner Seele in der physischen Welt. Das wird immer der größte Dienst sein, den du tun kannst. Dann schließt sich der Kreis in deinem Leben, und du tust, was dir gefällt, und dienst damit den anderen. Die Befriedigung, dem Universum zu dienen, ist dein schönster Lohn.

Ich diene
meiner Höheren Macht.
Ich mache, was sie mir sagt.

16. September

Deine Höhere Macht verschafft dir alles

Sobald du dich entschieden hast, deiner Höheren Macht zu dienen, wird es ihre Aufgabe, dir alles zu verschaffen, was du für die Arbeit, die sie von dir will, benötigst. Meine Höhere Macht verschafft mir immer die Begegnung mit der richtigen Person, die mir bei der Durchführung einer bestimmten Sache raten oder helfen kann. Auch für Geld wird gesorgt, so daß ich mit meiner Arbeit fortfahren kann. Solange ich um Führung hinsichtlich meiner Aufgabe hier bitte, erhalte ich alles, was ich dafür benötige.

Ich lerne zu vertrauen,
daß meine Höhere Macht
mir alles verschafft,
was ich brauche.

17. September

Zeit für das Wesentliche

Unsere Arbeit wird uns nur in dem Ausmaß Zufriedenheit schenken, in dem wir auch Zeit für andere Dinge im Leben haben. Die Voraussetzung für ein erfolgreiches Arbeitsleben ist, daß wir nicht auf andere wichtige Dinge vergessen wie zum Beispiel Zeit für uns allein, Gemeinsamkeit mit geliebten Menschen, Zeit für körperliche Betätigung, Spiel und Unterhaltung. Die Aufstellung eines Stundenplans, der alle diese Elemente berücksichtigt, kann eine wertvolle Hilfe sein. Es ist ein Zeichen der Selbstachtung, wenn du dir für alles, was dir wichtig ist, die nötige Zeit nimmst.

Nehme ich mir für alles,
was mir wirklich wichtig ist,
die nötige Zeit?

18. September

Struktur ist notwendig

Wenn wir uns selbst überlassen sind, pflegen wir modernen Menschen oft einen Lebensstil, der keineswegs alle Elemente berücksichtigt, die wir brauchen. Deshalb müssen wir bewußt eine Struktur schaffen, sowohl für unsere Zeit als auch für unser Geld, die unserem Gleichgewicht und unserer Integration förderlich ist. Das heißt, daß wir uns überlegen müssen, was alles einzubeziehen ist, und daß wir dann eine zeitliche und finanzielle Regelung treffen, die alle diese Dinge berücksichtigt. Dies bedarf einer bewußten Vorgangsweise unsererseits, denn von allein wird nichts passieren.

Wie kann ich eine zeitliche
und finanzielle Regelung finden,
die realistisch ist und alles
einbezieht, was ich brauche?

19. September

Strukturierte Zeit

Auch dein Arbeitstag bedarf einer Struktur, weil Arbeit aus verschiedenen Elementen besteht. Nehmen wir an, deine Arbeit umfaßt geschäftliche Angelegenheiten, Umgang mit anderen Menschen, kreative Einfälle und reine Schreibarbeit. Es kann eine große Hilfe sein, einen Stundenplan für deinen Arbeitstag aufzustellen, so daß du einen bestimmten Teil des Tages der Arbeit an deinem Schreibtisch widmest und den anderen Teil der Kommunikation.

Ich teile meinen Arbeitstag
auf eine Weise ein, die mein
Gleichgewicht unterstützt.

20. September

Kreative Motivation kommt von innen und außen

Jegliche schöpferische Tätigkeit, ob es sich um ein Gemälde, Musik, ein neues Produkt oder einen Jahresbericht handelt, geht im wesentlichen von zwei Kräften aus: Innerer Inspiration und äußerer Notwendigkeit. Manchmal kommt zuerst die innere Motivation, doch auch äußere Anstöße können der Auslöser für einen kreativen Prozeß sein.

Der kreative Prozeß ist ein Zusammenspiel zwischen einem inneren, kreativen Impuls und praktischen Gegebenheiten, die von außen kommen. Wenn wir nur aus äußeren Motiven etwas tun, verlieren wir unsere Inspiration und schaffen Dinge, die wenig Tiefe oder Wert haben. Doch auch die innere Motivation allein genügt nicht, wir müssen innere und äußere Motivation ins Gleichgewicht bringen.

Meine Kreativität
wird von inneren
und äußeren Faktoren
stimuliert.

21. September

Innere Konflikte

Es gibt Zeiten in unserem Leben, in denen wir eine Menge innerer Konflikte haben. Ein innerer Konflikt entsteht durch die verschiedenen Wünsche unserer zahlreichen inneren Persönlichkeiten. Anstatt zu glauben, daß wir den Konflikt nur lösen können, indem wir eine bestimmte Wahl treffen und den Rest verwerfen, müssen wir versuchen unser Bewußtsein zu erweitern und neue Möglichkeiten einzubeziehen.

Der Trick ist, uns über die verschiedenen Bedürfnisse, Gefühle und Kräfte in unserem Inneren bewußt zu werden und sie alle einzubeziehen, ohne vorerst zu versuchen, irgendwelche Konflikte zwischen ihnen zu lösen. Diese Haltung bewirkt, daß eine Lösung und Integration von einem höheren Teil unseres Wesens erfolgt.

Alle Aspekte
des Konflikts in mir
sind mir bewußt.

22. September

Ersetze ›oder‹ durch ›und‹

Das Qualvolle an einem Konflikt ist, daß wir glauben, wir müßten einen Teil dessen, was wir uns wünschen oder brauchen, opfern, um einen anderen Teil zu bekommen. Für unsere logische linke Gehirnhälfte ist es sehr schwer zu verstehen, daß es noch andere Möglichkeiten gibt. Wir sind so an unser lineares Denken gewöhnt, daß es immer nur ›entweder‹ – ›oder‹ heißt. Aber wir können beides haben. Das ist nicht etwas, was sofort eintritt, doch wenn wir Geduld haben und an unserem Prozeß arbeiten, wird uns das Universum die Essenz von allem, was wir brauchen, geben.

Ich kann alles haben,
was ich im Leben wirklich
brauche und mir wünsche.

23. September

Sei dir deines Konflikts bewußt

Wenn du in einem Konfliktzustand bist, so verweile bewußt eine Zeitlang darin und versuche, die widersprüchlichen Gefühle und Teile von dir wahrzunehmen und anzuerkennen. Bitte die höhere kreative Intelligenz in dir, einen Weg zu finden, wie du alle wichtigen Aspekte integrieren kannst, statt dich für den einen oder anderen entscheiden zu müssen. Erwarte keine sofortige Lösung. Deine innere Führung wird dich den nächsten Schritt wissen lassen.

Ich lasse meinen inneren
Konflikten genügend Zeit,
damit sie sich von selbst
lösen können.

24. September

Das Aufsuchen von Extremen

Es gibt Zeiten im Integrationsprozeß, in denen es angebracht ist, bis zu einem Extrem zu gehen, besonders wenn es sich um den Gegensatz zu einem Extrem handelt, das schon erforscht und entwickelt wurde. Daran ist nichts Falsches, wenn deine innere Führung dir sagt, daß dies notwendig ist und du das Gefühl hast, daß die Zeit dafür stimmt. Früher oder später wird dich das Leben aus jedem Extrem herausführen, und du wirst wieder in die Mitte kommen.

Es steht mir frei,
das ganze Spektrum
an Lebenserfahrungen
zu erforschen.

25. September

Sei dir deiner Polaritäten bewußt

Je mehr du mit den gegensätzlichen Aspekten deiner Persönlichkeit in Berührung kommst, desto bewußter wirst du sein. Wenn du ein wenig zu weit in die eine Richtung gehst, wirst du fühlen, wie sich ein anderer Teil von dir zurückzieht und umgekehrt. Von Mal zu Mal wirst du merken, wie Gleichgewicht und Integration wachsen und wie sich das in allen Aspekten deines Lebens spiegelt.

Ich bin mir
der vielen gegensätzlichen
Energien in mir bewußt.

26. September

Halte nach der Lektion Ausschau

Das Universum sagt dir, worauf du dein Augenmerk richten sollst. Es gibt dir Zeichen. Wenn du gelernt hast, diese Signale zu erkennen, kannst du schnell herausfinden, was in deinem Leben nicht im Gleichgewicht ist. Sie brauchen einen deftigen Schlag, ehe sie bereit sind, sich mit der Notwendigkeit einer Veränderung und der Möglichkeit inneren Wachstums zu befassen.

Pflege die Einstellung, daß die in deinem Leben auftretenden Probleme in Wirklichkeit ein Geschenk deiner Seele sind, die versucht, deine Aufmerksamkeit auf jene Dinge zu lenken, die nicht im Gleichgewicht sind. Dann ist das Leben weniger traumatisch. Du kannst dich sofort bei jedem Problem fragen: »Was soll ich daraus lernen?«

Was versucht das Universum
mir zu sagen?
Heute werde ich offen sein,
um seine Botschaft zu empfangen.

27. September

Äußere Konflikte spiegeln innere Konflikte

Konflikte in Beziehungen oder anderen Lebenslagen sind meistens eine Projektion innerer Konflikte. Menschen, mit denen wir Schwierigkeiten haben, pflegen Teile von uns zu spiegeln, mit denen wir selbst Probleme haben.

Zum Beispiel haben Menschen, die immer wieder mit autoritären Figuren in Konflikt geraten, die eigenen autoritären Aspekte noch nicht akzeptiert und integriert. Hingegen pflegen Menschen, die sich mit einer sehr autoritären inneren Stimme identifizieren, besonders rebellische Leute anzuziehen – oftmals in Gestalt ihrer eigenen Kinder.

Diese Situation wird sich erst dann ändern, wenn wir bereit sind, äußere Konflikte als Spiegelung unserer inneren Konflikte zu betrachten.

Ich lerne,
äußere Konflikte als Spiegelung
meiner inneren Konflikte zu sehen.

28. September

Weltkonflikte sind ein Spiegel innerer Konflikte

Nationale oder internationale Konflikte sind eine Massenprojektion individueller innerer Konflikte, die innerhalb der betroffenen Nationen vorhanden sind. Wir projizieren Teile unserer eigenen inneren Konflikte auf andere Menschen, Kulturen und Rassen, und dann fangen wir Kriege mit ihnen an. Wenn wir uns die miteinander in Streit liegenden Seiten internationaler Konflikte ansehen, können wir erkennen, was jedes Land oder jede Kultur innerhalb der eigenen Gesellschaft verurteilt. Weltkonflikte werden nicht eher enden, als bis jede Gesellschaft die verschiedenen archetypischen Energien akzeptiert und ihnen erlaubt, Ausdruck zu finden.

In welcher Weise könnten
derzeitige Konflikte in
der Welt meine eigenen,
inneren Konflikte spiegeln?

29. September

Die Polarität zwischen entwickelten und unterentwickelten Ländern

Die Länder der Dritten Welt sind alles Kulturen, die mehr im femininen Prinzip verwurzelt sind als die entwickelten Länder. Sie haben eine stärkere Verbindung zur Erde, zur Intuition, zum Geist. Aber sie sind technologisch wenig entwickelt. Ihnen fehlt der männliche Aspekt, der ihnen erlauben würde, ihren Weg in der Welt zu machen. Und als Folge leiden sie. Sie werden von den männlich dominierten Kulturen übervorteilt und ausgenützt. Die industrialisierten Nationen leiden ebenfalls, jedoch unter der fehlenden Verbindung zur Erde. Jede Seite hat von der anderen zu lernen. Wir brauchen alle Gleichgewicht. Die Welt braucht Gleichgewicht.

Indem ich das Gleichgewicht
in mir finde, helfe ich der
Welt, ins Gleichgewicht zu
kommen.

30. September

Stell dir Gleichgewicht und Harmonie vor

Mach es dir bequem, entspanne dich, schließ die Augen und mach ein paar langsame, tiefe Atemzüge. Geh mit deiner Aufmerksamkeit tief in dich hinein und beginne dir vorzustellen, wie dein Leben sein würde, wenn es vollkommen harmonisch und im Gleichgewicht wäre. Sobald du ein Gefühl für diese Möglichkeit entwickelt hast, beginn sie auf deine Umwelt und dein Land auszudehnen. Zu guter Letzt stell dir die ganze Welt im Gleichgewicht und in Harmonie vor.

Auf der ganzen Welt
werden Gleichgewicht
und Harmonie herrschen.

1. Oktober

Wir brauchen Beziehungen

Unsere Urbeziehung ist die Beziehung zu uns selbst, und sie ist auch die einzige, die das Fundament zu unserer Ganzheit liefern kann. Sie ist der Ort, wo wir Integration und Gleichgewicht finden müssen. Gleichzeitig brauchen wir aber Beziehungen zu anderen Menschen, damit unser Leben glücklich und erfüllt ist. Wenn wir Ganzheit und Vollkommenheit nur in uns selber suchen, entmachten wir jenen Teil von uns, der auch die anderen Menschen braucht.

Wir Menschen sind soziale Geschöpfe. Physisch, emotional, mental und spirituell ist ein enger Kontakt zu anderen Menschen unbedingt notwendig. Wir brauchen Liebe, Unterstützung, Verständnis, Anerkennung und Anregung, die uns durch unsere Mitmenschen gespiegelt werden.

Ich nehme mir Zeit
für meine Beziehung
zu mir und den anderen.

2. Oktober

Das innere Kind ist ein Schlüssel zur Intimität

Weil das innere Kind der Teil von uns ist, der die tiefsten Gefühle hat, ist es auch der Teil, der wirklich lieben kann. Und es ist der Teil von uns, der verletzbar ist und verwundet werden kann. Um wirklich eine innige Vertrautheit zu einem anderen Menschen zu empfinden, müssen wir Zugang zu unserer Verletzbarkeit haben.

Wenn wir mit unserem inneren Kind nicht in Verbindung stehen, werden wir zu echter Intimität nicht fähig sein. Nur wenn wir Zugang zu unserem inneren Kind finden und es schützen und in angemessener Weise Ausdruck finden lassen, können wir Intimität auf gesunde, erfüllende Weise in unserem Leben empfinden.

Indem ich lerne,
mein inneres Kind zu unterstützen,
empfinde ich größere Intimität
in meinem Leben.

3. Oktober

Wir haben alle eine Menge Bedürfnisse

Als menschliche Wesen brauchen wir von den anderen eine ganze Menge. Wir brauchen Liebe, Unterstützung, Nähe und Geborgenheit. Doch in unserer Gesellschaft werden Abhängigkeitsgefühle als negativ betrachtet. Man erwartet von uns, daß wir unabhängig sind. Die meisten Leute schämen sich, zuzugeben, wie viele Bedürfnisse sie tatsächlich haben, besonders in emotionaler Hinsicht. Aber es sind gerade unsere Bedürfnisse, die uns menschlich machen. Wir müssen lernen, sie zu achten, anstatt sie zu leugnen. Erst dann können wir dafür sorgen, daß sie befriedigt werden.

Es ist ganz natürlich,
daß ich emotionale
Bedürfnisse habe.

4. Oktober

Drücke deine Bedürfnisse direkt aus

Wenn du dir deine Bedürfnisse selber eingestehst und sie wirklich akzeptierst, kannst du sie auch zum Ausdruck bringen. Und erst dann wirst du fähig sein, von anderen Menschen etwas zu empfangen. Wenn ich sagen kann, ich brauche wirklich deine Liebe, ich brauche wirklich deine Freundschaft oder ich brauche jemanden, der mich in die Arme nimmt oder jemanden, mit dem ich reden kann, so fällt den meisten Menschen das Geben nicht schwer. Aber wenn ich sage: »Eigentlich brauche ich niemand«, dann werden meine Bedürfnisse auf indirekte Weise herauskommen und viel mehr Energie brauchen, weil ich sie leugne. Und für viele Menschen ist es dann schwierig, auf sie einzugehen, ohne sich überrumpelt oder manipuliert zu fühlen.

Ich lerne, klar
und direkt um das zu bitten,
was ich brauche.

5. Oktober

Wir sind alle verwundbar

Die meisten von uns haben Angst vor ihrer Verwundbarkeit. Wir haben verschiedene Methoden, sie zu maskieren, zu verstecken und zu verteidigen. Doch nur wenn wir sie zulassen, ist eine innige Beziehung zu anderen Menschen möglich. Dazu ist es notwendig, daß wir zuallererst ehrlich zu uns selbst sind und uns unsere tiefsten und verwundbarsten Gefühle eingestehen. Wir müssen lernen, diese Gefühle zu hegen und zu schützen, nicht indem wir sie einsperren und verteidigen, sondern indem wir ehrlich zugeben, was wir fühlen, und sagen, was wir brauchen.

In dem Maße, in dem wir lernen, von unserer inneren Stärke zur Unterstützung und zum Ausdrücken unserer inneren Verwundbarkeit Gebrauch zu machen, anstatt sie zu unterdrücken, in dem Maße werden wir uns sicherer fühlen, und es wird uns leichterfallen, uns gegenüber einem anderen Menschen zu öffnen.

Ich lerne,
mit meiner Verwundbarkeit
umzugehen.

6. Oktober

Ambivalenz gegenüber Beziehungen

Viele Leute, besonders Frauen, sagen, daß sie sich nach wahrhaft innigen Beziehungen sehnen, und können nicht verstehen, warum es nie dazu kommt. Vielen von uns fällt es schwer, zu erkennen, wieviel inneren Konflikt und Ambivalenz sie in bezug auf innige Beziehungen in sich haben. Wahrscheinlich gibt es eine starke Stimme in uns, die sich nach Nähe und Intimität sehnt, aber gleichzeitig ist da auch ein verborgener Aspekt, der sich davor fürchtet, weil für die meisten von uns enge Beziehungen gleichbedeutend mit einem Verlust des Selbst sind. Oft sind wir uns dessen gar nicht bewußt, daß es Teile in uns gibt, die etwas gegen Beziehungen haben und dafür sorgen, daß wir nur unerreichbare Partner finden!

Der erste Schritt, um eine enge Beziehung zu schaffen, ist daher das Erkennen und Akzeptieren jenes Teiles, der dies nicht will. Und dann gilt es herauszufinden, warum er so fühlt.

Welcher Teil von mir
sträubt sich gegen enge Beziehungen
und warum?

7. Oktober

Polaritäten in Beziehungen

Die weibliche Seite unseres Wesens sucht Nähe und Verschmelzen. Die männliche Seite sucht Individualität, Unabhängigkeit, Bewegungsfreiheit und Selbstausdruck. Die männliche Seite hat Angst, gefesselt, eingeschränkt, begrenzt oder vom Weiblichen aufgefressen zu werden. Die weibliche Seite fürchtet sich vor Trennung oder vom Mann verlassen zu werden. Wenn wir uns in Beziehungen stärker mit unserer männlichen Energie identifizieren, werden wir uns unabhängig fühlen, doch wir werden Partner anziehen, die unsere unterdrückte Sehnsucht nach Geborgenheit spiegeln. Sind wir mehr in Kontakt mit unserer weiblichen Energie in unseren Beziehungen, so werden wir ein starkes Verlangen nach Intimität spüren, aber wir werden Partner anziehen, die besonders viel Freiraum brauchen!

Mit welcher Seite
identifiziere ich mich zur Zeit am meisten?
Stehe ich auch mit
der anderen Seite meiner Gefühle
in Verbindung?

8. Oktober

Raum in Beziehungen

In einer intimen Beziehung brauchen wir sowohl Nähe als auch Raum. Wir müssen einerseits miteinander verschmelzen, und andererseits müssen wir immer wieder zu unserem eigenen Gefühl von Individualität zurückkehren. Sensibel für die eigenen Bedürfnisse zu sein und sich den nötigen Freiraum zu nehmen, ist schwierig, wenn wir mit einem anderen Menschen verschmelzen. Doch wenn wir diese Fähigkeiten verlieren, werden wir einen Konflikt oder ein Problem schaffen, das uns die Trennung erlaubt.

Es ist eine Herausforderung, daß wir lernen, uns bewußt den nötigen Freiraum zu nehmen. Nach einem bestimmten Maß an Nähe brauchen wir eine gewisse Zeit für uns allein, das können einige Minuten, aber auch einige Tage sein. Eine intime Beziehung ist eine ständige Bewegung, die zwischen den beiden Polen von Nähe und Entfernung pendelt.

Ich kann mir
bewußt Raum schaffen,
wenn ich ihn brauche.

9. Oktober

Manchmal fürchtet sich das innere Kind vor Beziehungen

Das Kind in uns kann aus Angst das Eingehen einer intimen Beziehung verhindern, obwohl es sich im Grunde seines Wesens am meisten nach Nähe und Intimität sehnt. Aber wenn es in früheren Beziehungen einmal verletzt worden ist, schreckt es möglicherweise davor zurück, wieder mißbraucht, abgewiesen oder verlassen zu werden. Wenn wir uns die Ängste unseres inneren Kindes bewußt machen, können wir ihm die Liebe und Unterstützung geben, die es braucht, um sich für das Eingehen von Beziehungen sicher genug zu fühlen.

Je mehr mir die Ängste
meines inneren Kindes
bewußt werden, desto
besser kann ich für seine
Bedürfnisse sorgen.

10. Oktober

Sei aufrichtig in deinen Beziehungen

Schwierigkeiten in unseren Beziehungen und im Leben entstehen dann, wenn wir unsere Wahrheit zurückhalten, weil wir fürchten, daß sie mißfallen oder sonstige unangenehme Folgen haben könnte. Von der Minute an, in der du die Wahrheit zu verbergen beginnst, kommt es in deiner Beziehung zu Problemen. Du fängst an, dich auf subtile Weise der Beziehung zu verweigern, so daß diese ihre Lebendigkeit einzubüßen beginnt.

Eine intime Beziehung, oder jede wichtige Beziehung überhaupt, muß auf Wahrheit und Wirklichkeit beruhen, oder sie wird sterben. Der Grad deiner Unaufrichtigkeit in einer Beziehung bestimmt den Grad, inwieweit diese Beziehung leidet.

Bin ich mir bewußt,
bis zu welchem Grad
ich nicht aufrichtig
bin in meinen Beziehungen?

11. Oktober

Wir gehen in Beziehungen gerne auf Distanz

Vor nichts fürchten wir uns so sehr, wie vor wahrer Aufrichtigkeit in einer engen Beziehung. Lassen wir nämlich einen Menschen so nahe an uns heran, daß er uns sehen kann, wie wir wirklich sind, und verlieren wir ihn dann, so werden wir uns völlig verzweifelt fühlen. Halten wir ihn aber zu sehr auf Distanz, dann werden wir nicht genug von dem bekommen, was wir brauchen. Also sorgen wir dafür, daß er uns nur so nahe kommt, daß zwar ein gewisser Grad an Intimität entsteht, aber nicht mehr. Dies führt dazu, daß wir in unseren Beziehungen unbefriedigt bleiben.

Um in einer innigen Beziehung Erfüllung zu finden, müssen wir das Risiko eingehen, daß uns der andere Mensch so sieht, wie wir wirklich sind.

Ich lasse es zu,
daß mich andere so sehen,
wie ich wirklich bin.

12. Oktober

Ehrlichkeit erfordert Mut

Es braucht eine Menge Mut, um in einer Beziehung ehrlich zu sein. Auf der einen Seite besteht die Notwendigkeit, wir selbst zu sein, und auf der anderen Seite haben wir Angst, gerade deswegen verlassen zu werden. Es ist wichtig, daß wir diesen Konflikt in uns verstehen und respektieren. Das heißt nicht, daß du anfangen sollst, sofort allen die absolute Wahrheit über dich zu erzählen. Das würde alle erschrecken. Du versuchst einfach einen Weg in der Richtung zu finden, daß du deine Angst zu verstehen beginnst, aber auch die Tatsache, daß du, wenn du deine Wahrheit nicht zum Ausdruck bringst, ein Opfer deiner Beziehung wirst. Allmählich wirst du lernen, mehr du selbst zu sein.

Welcher Teil von mir hat Angst,
ehrlich zu sein, und warum?
Kann ich diesen Teil verstehen
und respektieren, während ich
gleichzeitig lerne, offener zu sein?

13. Oktober

Bleib dir selber treu

Jedes Mal, wenn wir nicht die Wahrheit sagen, geben wir uns selbst auf, weil wir unsere Gefühle nicht zulassen. Wir sagen zu unserem inneren Kind. »Ich kann dich nicht hinauslassen. Ich kann dich nicht herzeigen.« Wir werden uns im innersten Wesenskern untreu, um mit einem anderen Menschen zusammenzusein, und das ist ein schreckliches Gefühl.

Sobald du die Entscheidung triffst, dir selbst treu zu bleiben und das Risiko einzugehen, den Partner zu verlieren, stärkst du nicht nur die Beziehung zu dir selbst, sondern auch zum anderen.

Ich lerne,
mir selbst treu zu bleiben,
selbst wenn ich davor Angst
habe.

14. Oktober

Sei zu dir selbst aufrichtig

Ehrlich zu sein, heißt nicht, daß du in jeder Minute berichten mußt, was du fühlst oder welche Gedanken dir durch den Kopf gehen. Es bedeutet vor allem, daß du zu dir selbst aufrichtig bist. Und dann kannst du bewußt entscheiden, ob du eine andere Person daran teilhaben lassen willst oder nicht. Je mehr Intimität und Tiefe du dir in einer Beziehung wünschst, desto mehr wirst du mitteilen. Bist du dir einmal nicht ganz sicher, was du in einem bestimmten Augenblick fühlst, so teile nur das mit, was dich berührt, und laß der Klarheit Zeit, allmählich aufzutauchen.

Ich bin ehrlich
zu mir und den
anderen.

15. Oktober

Handle wahrheitsgemäß

Wenn wir es uns zur Gewohnheit gemacht haben, täglich auf unsere innere Wahrheit zu hören, dann können wir anfangen, in Übereinstimmung mit ihr zu leben. Wir können die Wahrheit, die wir fühlen, aussprechen und nach ihr handeln. Wir können unsere eigene Wahrheit leben.

Heute handle ich
in Übereinstimmung
mit meiner Wahrheit.

16. Oktober

Ehrliche Kommunikation

Die wirksamste Art von Kommunikation besteht darin, daß du mit der anderen Person über deine eigenen Gefühle redest und nicht über das, was du von ihr denkst. Dann ist die Wahrscheinlichkeit, daß sie dir zuhört, viel größer. Zum Beispiel. »Es hat meine Gefühle sehr verletzt, als ich mit dir sprach, und du hast mich unterbrochen. Manchmal habe ich das Gefühl, daß du mir nicht zuhörst, und das tut weh, weil ich fühle, daß ich unwichtig bin.« Das hört sich anders an als:»Weißt du, daß du total ichbezogen bist? Du hörst nie jemandem zu, und ich glaube, es ist Zeit, daß du dich damit befaßt.«

Wenn du fähig bist, der anderen Person aus deiner eigenen Erfahrung und Verwundbarkeit heraus zu antworten, dann ist es für sie leichter, dir zuzuhören, ohne eine Abwehrhaltung einzunehmen.

Ich lerne,
meine Gefühle ehrlich
auszudrücken.

17. Oktober

Verwundbarkeit erzeugt Mitgefühl

Einer der Schlüssel für erfolgreiche Beziehungen ist zu lernen, deine Gefühle aus einer verwundbaren Position heraus auszudrücken, anstatt aus einer abwehrenden oder attackierenden Haltung.

Das ist sehr schwierig, weil jeder Instinkt auf Angriff und Verteidigung gerichtet ist, wenn du dich verwundbar fühlst. In solchen Augenblicken werden selbst die Menschen, die du am meisten liebst, zu potentiellen Feinden, und du willst dich vor ihnen schützen. Aber je weniger verwundbar du bist, desto weniger empfänglich werden die anderen sein. Und je mehr du fähig bist, deine tiefsten Gefühle zu zeigen, desto stärker werden die anderen davon berührt werden und dir zuhören, weil du weder mit dem Finger auf sie zeigst noch etwas von ihnen erwartest. Verwundbarkeit erzeugt Mitgefühl und zieht Unterstützung an.

Ich bin fähig,
Menschen, denen ich vertraue,
meine Verwundbarkeit zu zeigen.

18. Oktober

Kommunizieren statt kritisieren

Wo ist die Grenze zwischen ehrlichem Feedback und destruktiver Kritik? Warte nicht automatisch mit Feedback auf, wenn du nicht ausdrücklich darum gebeten wirst. Wenn du für jemanden Feedback hast, ist es gut, die betreffende Person zuerst zu fragen, ob sie es hören will oder nicht. Und gib ihr wirklich die Gelegenheit, ja oder nein zu sagen.

Wenn andererseits dir jemand Feedback geben will, und du hast das Gefühl, daß dir ein Angriff bevorsteht, dann lehn es einfach ab.

Destruktive Kritik
toleriere ich nicht.
Ich habe das Recht,
nein zu sagen oder
zu gehen.

19. Oktober

Wie wir Beleidigungen erkennen

Viele von uns sind an Beleidigungen sowohl von anderen als auch von ihrem eigenen inneren Kritiker so gewöhnt, daß sie diese gar nicht mehr erkennen. Weil sie so vertraut klingen, glauben wir, sie zu verdienen. Laß nicht zu, daß dein inneres Kind ausgescholten wird. Achte auf deine Gefühle. Wenn du anfängst, dich schuldig zu fühlen, wenn jemand mit dir spricht, dann gib acht, wie diese Person mit dir redet. Läßt sie dich an ihren eigenen Erfahrungen teilhaben, oder zeigt sie bloß auf, was mit dir nicht in Ordnung sei?

Wenn dir jemand sagt, daß bei dir etwas nicht stimme, dann versucht diese Person, die eigene Verwundbarkeit zu decken, indem sie dich angreift. Wir alle machen das von Zeit zu Zeit. Aber wir können lernen, uns dessen bewußt zu werden, tiefer in uns hineinzugehen und unsere wahren Gefühle mitzuteilen.

Ich lerne,
Beleidigungen zu erkennen.

20. Oktober

Lerne Selbstschutz

Wenn es dir ständig passiert, daß du von anderen kritisiert oder beleidigt wirst, mußt du lernen, dich auf angemessene Weise selbst zu schützen. Es geht nicht an, sich verbal, emotional oder physisch attackieren oder beleidigen zu lassen. Wenn dich jemand in rauhem Ton kritisiert, dann sag ihm, daß er deine Gefühle verletze und nicht auf diese Weise mit dir sprechen solle. Wenn er nicht aufhört, so verlaß den Raum. Laß die Person wissen, daß du bereit bist, dir ihren Zorn und Schmerz anzuhören, wenn diese Gefühle auf eine nicht beleidigende Weise zum Ausdruck gebracht werden. Wir müssen lernen, unser inneres Kind auf diese Weise zu schützen.

Ich bin fähig,
Grenzen festzulegen,
um mich selbst zu schützen.

21. Oktober

Konstruktive Kritik

Wir haben die Neigung, alles mit kritischen Augen zu betrachten und sofort die Dinge zu bemerken, die nicht stimmen, ob das uns selbst betrifft oder unsere oder anderer Leute Werke. Kritisches Urteilsvermögen ist wichtig, aber beim Wahrnehmen der Dinge, die *nicht* funktionieren, dürfen wir nicht übersehen, *was funktioniert.* Wir müssen uns ständig daran erinnern, unsere Aufmerksamkeit auf die positiven Dinge zu richten und uns und den anderen dafür Anerkennung zollen.

Ich erkenne
die positiven Aspekte
jeder Situation und
zolle ihnen Anerkennung.

22. Oktober

Kritik kann lähmend sein

Viele Lehrer wenden beim Unterrichten Kritik an. Sie glauben, daß sie, um ihren Schülern zu helfen, etwas zu lernen, sehr streng und kritisch mit ihnen sein müßten. Doch das innere Kind der Schüler leidet meistens sehr darunter, was dazu führt, daß sie nicht mehr lernen wollen, um sich nicht zu exponieren. Um zu lernen, müssen wir uns in eine sehr verwundbare Position begeben, indem wir eingestehen, was wir nicht wissen. Wenn diese Verwundbarkeit verletzt wurde, schottet sich das Kind ab. Bei vielen Menschen wurde die Kreativität und die Lernfähigkeit im Keim erstickt durch Lehrer, die nicht wußten, wie sie Information ohne Anwendung von Kritik vermitteln sollen. Dabei ist es wirklich nicht notwendig, auf diese Weise vorzugehen. Als Erwachsene können wir mit dem Kind in uns, das entmutigt wurde, wieder Verbindung aufnehmen und ihm helfen, auf positive Weise zu lernen, indem wir ihm Sicherheit und Liebe entgegenbringen und es ermutigen.

Ich unterstütze
und ermutige mein
inneres Kind.

23. Oktober

Kümmere dich um deine eigenen Bedürfnisse

In unserer Gesellschaft herrscht besonders unter den Frauen die Tendenz, sich für andere aufzuopfern. Anstatt uns um unsere eigenen Bedürfnisse zu kümmern, geben wir ständig, besonders unseren Kindern. Wenn wir das tun, kommt es unbewußt zu einem Resultat, das wie folgt lautet. »Ich habe mich immer nur um dich gekümmert, nun bist du in meiner Schuld und mußt dich um mich kümmern.« Unsere Kinder können dann die Bürde dieser Schuld für den Rest ihres Lebens mit sich herumschleppen.

Daher ist es besonders für Eltern wichtig, sich um die eigenen Bedürfnisse zu kümmern. Nur wenn du in vernünftiger Weise für dich sorgst, kannst du andere freigeben, damit sie ihr eigenes Leben führen und für sich selbst sorgen können. Du zeigst deinem Kind, wie es auf verantwortungsvolle Weise leben kann, indem du dich um dich selbst kümmerst, anstatt von anderen zu erwarten, dies für dich zu tun. Es ist nie zu spät, deine Kinder freizugeben, indem du selbst besser für deine Bedürfnisse sorgen lernst.

Heute achte ich bewußt
auf meine Bedürfnisse
und unternehme Schritte
zu ihrer Erfüllung.

24. Oktober

Wir brauchen Zeit füreinander und für uns allein

Wir brauchen täglich ein Minimum an Zeit für uns allein. Es ist wichtig, uns diese Zeit zu gönnen, egal, wie viele Leute uns brauchen. (In der Tat wirst du desto mehr Zeit für dich allein brauchen, je mehr Leute es gibt, die dich brauchen.) In dieser Zeit können wir mit unserem wahren Selbst Verbindung aufnehmen, mit unserem inneren Wissen, unseren echten Bedürfnissen.

So, wie wir Zeit für uns allein brauchen, bedürfen wir der Nähe und Verbindung zu anderen. Wir brauchen Zeit für unsere Partner, unsere Kinder und unsere Freunde.

Ich erkenne mein Bedürfnis
nach Alleinsein und Zusammensein
und nehme mir täglich für beides Zeit.

25. Oktober

Empfangen können

In uns allen ist ein Teil, dem es unangenehm ist, von irgend jemand irgend etwas zu empfangen, weil das zugeben hieße, etwas zu brauchen. Und das wiederum liefert uns der schlimmsten Möglichkeit aus — nämlich abgewiesen zu werden. Wenn wir uns von dieser Furcht beherrschen lassen, ohne uns ihrer bewußt zu sein, dann fordern wir unbewußt ständig irgend etwas, sind aber nicht fähig, das zu empfangen, was uns andere geben wollen.

Habe ich Angst,
etwas zu empfangen?

26. Oktober

Empfangen ist eine Herausforderung

Für viele Menschen in unserer Kultur bedeutet es eine größere Herausforderung, etwas mit gutem Gewissen zu empfangen, als anderen etwas zu geben. Empfangen ist schwierig, weil es uns in eine verwundbare Position bringt. Geben ist tatsächlich viel populärer, weil wir uns dabei stark fühlen.

Um empfangen zu können, mußt du in Verbindung mit deiner Verwundbarkeit und mit jenem Teil von dir sein, der Bedürfnisse hat. Du mußt zulassen können, daß sich eine andere Person in deiner Gegenwart stark und mächtig vorkommt. Aus diesem Grund stellt die empfangende Position ein wirksames Mittel dar, um andere Menschen in ihrer Autorität zu stärken. Wenn du anderen ein gutes Gefühl geben willst, dann laß dir von ihnen etwas geben und würdige sie für ihre Gabe.

Heute
praktiziere ich
das Empfangen.

27. Oktober

Wir müssen für unsere Kinder nicht vollkommen sein

Als Eltern haben wir immer das Gefühl, daß wir ständig alles unter Kontrolle haben und in jeder Lage bewußte, liebende, reife Menschen sein müssen. Natürlich ist das nicht möglich, und es ist auch wirklich nicht notwendig.

Das größte Geschenk, das du deinen Kindern machen kannst, ist, du selbst zu sein. Laß sie wissen, daß auch du Probleme sowie Emotionen und Gefühle hast, die verletzt werden können. Das heißt nicht, daß du deine Kinder mit deinen Problemen belasten sollst, aber du kannst sie an deinen Erfahrungen teilhaben lassen. Sag ihnen Bescheid, wenn du einen schweren Tag hast oder dich traurig oder zornig fühlst, und laß sie wissen, daß es nicht ihre Schuld ist. Laß sie auch an den glücklichen Momenten in deinem Leben teilhaben. Du kannst ehrlich zu ihnen sein.

Heute lasse ich ein wenig nach
in meinem Bedürfnis, perfekt zu sein.
Ich akzeptiere und zeige meine
wahren Gefühle.

28. Oktober

Es gibt wenige Vorbilder

Es gibt wenige Vorbilder für jene von uns, die einen Weg der Bewußtwerdung gehen. Es mag zwar eine Anzahl von Menschen geben, die verschiedene Aspekte von dem, was wir brauchen, spiegeln, aber für wahre Integration gibt es nur sehr wenige Vorbilder. Es kann sein, daß wir niemanden finden, der alle gewünschten Eigenschaften hat, und uns daher bei verschiedenen Menschen Inspiration holen müssen. Wir selbst sind die Vorbilder füreinander und für jene, die auf dem Weg ein oder zwei Schritte hinter uns sind.

Ich hole mir bei vielen
Menschen Inspiration und
versuche selbst, viele
andere zu inspirieren.

29. Oktober

Such dir Vorbilder

Wenn du Menschen kennst, die du wegen der Art und Weise, wie sie miteinander umgehen, bewunderst, dann nimm sie dir zum Vorbild. Laß dich durch sie in dem Glauben stärken, daß auch du die Beziehung finden wirst, die dein Herz begehrt. Wirf aber einen Blick hinter die Kulissen, denn Beziehungen sind selten so gut, wie sie bei oberflächlicher Betrachtung erscheinen. Aber wenn du Menschen kennst, die echter Liebe, Hingabe und Verständigung fähig sind, dann studiere sie und lerne von ihnen. Sei offen genug, um zu lernen, wie du deine eigenen Beziehungen verbessern oder solche nach deinem Wunsch schaffen kannst.

Es ist mir möglich,
die Art von Beziehungen zu haben,
die ich mir wünsche.

30. Oktober

Licht ins Dunkel bringen

Viele Leute, besonders solche, die sich auf irgendeinem spirituellen Weg befinden, unterteilen die Welt in Licht und Dunkel. Wir möchten im Licht leben und wollen nicht ins Dunkel gehen. Wir versuchen aus dem Dunkel ins Licht zu kommen. Aber im Licht leben heißt, Licht in jeden Aspekt des Lebens zu bringen — einschließlich der dunklen Räume des Unbewußten.

Ich bringe
das Licht des Bewußtseins
in jeden Aspekt
meines Lebens.

31. Oktober

Erforsche deine innere Wohnung

Stell dir dein Inneres als eine Wohnung mit vielen Räumen vor. In einigen Räumen lebst du, hast die Fenster offen, und das Licht strömt herein, aber es gibt auch einige Hinterzimmer, in die du nie hineingehst. Sie sind dunkel und abgeschlossen, weil du glaubst, daß dort etwas Furchterweckendes oder Böses drinnen ist.

Im Prozeß der Bewußtwerdung beginnst du in dem Maße, wie dein Mut und deine Liebe zunehmen, einen nach dem anderen dieser Räume zu betreten und Licht in sie zu bringen. Und dann entdeckst du die vielen herrlichen Räume in dir, von deren Existenz du bisher nichts gewußt hast. Und irgendwann einmal wirst du schließlich die ganze Wohnung benützen. Jeder Raum birgt eine Erfahrung und hat seinen Zweck. Wenn dir auch nur einer fehlt, so kannst du weder dich noch das Leben in seiner Ganzheit erfahren.

In welche Räume
meiner inneren Wohnung gehe ich nicht hinein?
Gibt es welche,
die ich jetzt erforschen könnte?

1. November

Respektiere den Weg

Der Prozeß der Bewußtwerdung hört nie auf. Er ist eine lebenslange Reise. Es handelt sich nicht einfach nur darum, ein Buch zu lesen, ein paar Affirmationen zu sagen oder eine bestimmte Methode anzuwenden, und dann wird unser Leben in Ordnung kommen — was von vielen Lehrern versprochen wird. Das erweckt unrealistische Erwartungen. Besonders auf der emotionalen Ebene verlangt eine tiefgreifende Heilung eine bestimmte Anzahl von Jahren konzentrierter Arbeit. Eine erstaunlich schnelle Veränderung *kann* mit Hilfe folgender Mittel eintreten: Kreative Visualisation, Vertrauen in die eigene Intuition und Befolgen derselben, Anwendung des inneren Dialogs. Gleichzeitig ist es ein Prozeß, bei dem wir Schicht für Schicht vorgehen und einfach nicht aufhören, zu lernen, zu integrieren und uns mehr und mehr zu öffnen. Es gibt keinen Schlußpunkt bei diesem Prozeß, weil wir nie ›gar‹ sind.

Ich respektiere
den Weg, auf dem ich bin.

2. November

Erleuchtung vollzieht sich auf vier Ebenen

Bei den meisten Leuten beginnt der Prozeß der Erleuchtung mit irgendeiner Art von spiritueller Erfahrung, egal, ob sie diese als solche erkennen oder nicht. Wir öffnen uns dem Geist, und auf einer bestimmten Ebene fühlen oder erkennen wir das. Dann werden wir neugierig, was das bedeutet, und wir beginnen, uns auf der mentalen Ebene damit zu befassen. An einem gewissen Punkt werden wir mit der emotionalen Ebene konfrontiert, was das Klären der emotionalen Blockierungen, die wir alle haben, bedingt sowie das Heilen der Wunden, die verhindern, daß die Lebenskraft frei durch uns fließen kann. Sodann können wir den Geist voll in den physischen Körper bringen.

Ich erforsche
und integriere alle vier Ebenen —
spirituell, mental, emotional
und physisch.

3. November

Tieferes Verständnis

Im Prozeß der Bewußtwerdung gibt es viele verschiedene Ebenen des Verständnisses. Zuerst lernst du ein Konzept oder ein Prinzip. Dann mußt du eine Weile lang danach leben. Tieferes Verständnis stellt sich ein, wenn du es in kleinem Rahmen in Szene setzt. Schließlich wirst du dir der anderen Ebenen bewußt. Wichtig ist, diesen Prozeß geschehen zu lassen. Es hat keinen Sinn, alles auf einmal lernen zu wollen oder sich zu ärgern, wieviel man vorher *nicht* verstanden hat. Zoll dir selbst Anerkennung für alles, was du von Tag zu Tag dazulernst.

Mein Verständnis
wächst von Tag zu Tag.

4. November

Laß deine Gefühle zu

Unsere Gesellschaft hat gravierende Vorurteile gegen Gefühle. Wir fürchten uns davor, zuviel zu fühlen. Wir haben Angst vor zuviel Angst, Traurigkeit oder Zorn, aber auch vor zu viel Liebe, Leidenschaft oder Freude. Dies führt dazu, daß die Bandbreite, auf der wir unsere Gefühle zum Ausdruck bringen, sehr schmal ist, da wir jedes Extrem vermeiden. Dies hindert uns daran, das Leben voll auszukosten.

Ich lerne,
alle meine Gefühle
zu fühlen.

5. November

Heilung auf der emotionalen Ebene

Viele Menschen scheuen davor zurück, sich mit der Heilung der emotionalen Ebene ihres Wesens zu befassen. Uns auf der mentalen Ebene mit neuen Ideen auseinanderzusetzen, fällt uns leicht, weil wir dort unseren Schwerpunkt haben und uns ziemlich sicher fühlen. Es gibt daher eine Menge Leute, die einem spirituellen Weg folgen und hoffen, ›erleuchtet‹ zu werden, ohne sich ihrem Schatten stellen zu müssen.

Nur wenige Menschen wissen, wie eine echte Heilung auf der emotionalen Ebene bewirkt wird. Selbst unter den Therapeuten, Heilern und Leitern von Workshops gibt es erstaunlich wenig Leute, die es verstehen, anderen bei ihrem emotionalen Heilungsprozeß zu helfen, weil die Voraussetzung dafür der eigene Heilungsprozeß ist.

Ich bin gewillt,
an meiner emotionalen Heilung
zu arbeiten.

6. November

Wie wir die Heilung auf der emotionalen Ebene beginnen

Damit die emotionale Ebene zu heilen beginnt, müssen wir einen Blick auf die Dinge in unserem Leben riskieren, die nicht funktionieren. Die Problemstellen weisen uns darauf hin, wo wir ansetzen müssen, egal, ob es sich um gesundheitliche Probleme, Gewichtsprobleme, Partnerschaftsprobleme, finanzielle Probleme, Suchtprobleme oder um ein Problemkind handelt. Und dann müssen wir bereit sein, tiefer zu schürfen, um mit den Gefühlen in Berührung zu kommen, die mit diesen Problemstellen verbunden sind. Diesen Gefühlen dürfen wir nicht ausweichen. Sind wir einmal willens, die Lehre aus jeder Lebenslage zu ziehen, kann unser Heilungsprozeß beginnen.

Was funktioniert in meinem Leben nicht?
Woran muß ich arbeiten, um meine emotionale
Heilung zu beginnen?

7. November

Sich Wandel und Wachstum stellen

In jedem von uns ist ein Teil, der sich Wandel und Wachstum wünscht. Dieser Teil ist bereit, für unsere Bewußtwerdung alles Erforderliche zu tun.

Auf der anderen Seite gibt es jedoch einen Teil in uns, der sich vor Veränderung fürchtet. Dieser Aspekt unserer Psyche möchte uns vor unbekannten Gefahren schützen. Er glaubt, daß es sicherer ist, so weiterzumachen wie bisher, weil wir dadurch offensichtlich überlebt haben, anstatt das Risiko einer echten Veränderung einzugehen.

Beide Aspekte sind zu respektieren. Der eine inspiriert unser Wachstum und trägt uns vorwärts, der andere bewahrt uns vor überstürzten Schritten und Irrwegen.

Ich wachse
und verändere mich in einem Tempo,
das angenehm und aufregend
für mich ist.

8. November

Angst vor Selbsterkenntnis

Die meisten Leute wählen unbewußt ein Leben, das ihre eigenen Gedanken und Gefühle zu einem gewissen Grad verleugnet. Es kann erschreckend sein, ins eigene Innere zu blicken und zu beginnen, sich wirklich kennenzulernen. Wir haben Angst, unsere Unvollkommenheit zu entdecken oder herauszufinden, daß sich in der Tiefe unseres Wesens ein dunkles Geheimnis verbirgt.

Eines kann ich mit Sicherheit sagen. »Es gibt nichts in dir, was falsch ist.« Du bist ein starkes, schönes Wesen, das vielleicht nicht genug Liebe und Unterstützung erhalten hat, so daß es hätte lernen können, sich wirklich zu lieben. In meinem eigenen Wachstumsprozeß und bei Tausenden Menschen, mit denen ich gearbeitet habe, konnte ich immer wieder feststellen, daß, der Wahrheit ins Angesicht zu sehen, Heilung und Befreiung bedeutet. Das tiefste Geheimnis von allen ist, daß du einzigartig und vollkommen ist.

Ich will
mich auf allen Ebenen
kennenlernen.

9. **November**

Jede Wunde kann geheilt werden

Um uns der Furcht vor Selbsterkenntnis zu stellen, ist es wichtig zu wissen, daß jede Wunde geheilt werden kann. Das emotionale Leid, das wir alle in uns haben, kann befreit werden, indem wir tief in uns hineinblicken und unsere verschütteten Gefühle erkennen, akzeptieren und zum Ausdruck bringen.

Drei Dinge sind für eine tiefe Heilung notwendig. Erstens mußt du gewillt sein, die Arbeit zu verrichten, was immer es koste. Zweitens mußt du dir die richtige Art von Unterstützung holen, die dir hilft, den Prozeß zu durchlaufen. Drittens mußt du dir genügend Zeit nehmen, gewöhnlich dauert es einige Jahre, um die vielen Schichten deiner Psyche durchzugehen. Doch für die wirkliche Freiheit ist es das wert.

Ich bringe die
nötige Bereitschaft, Unterstützung und Zeit auf,
um Freiheit und Ganzheit zu erlangen.

10. November

Unser Schatten

Unser Schatten ist jeder Teil von uns, jede Energie in uns und jeder Aspekt unseres Wesens und unserer Persönlichkeiten, den wir nicht erkannt, angenommen und als natürlichen Teil unseres täglichen Lebens zum Ausdruck gebracht haben. Gleich dem Schatten, den wir in der Sonne werfen, folgt er uns überallhin. Wir können ihn nicht loswerden, indem wir ihn ignorieren oder wegwünschen. Er ist tatsächlich ein Teil von uns, der sich nach unserer Liebe sehnt und uns beharrlich folgt, bis wir ihn bemerken und uns seiner annehmen.

Welche Teile von mir
würden mehr Liebe und Ausdruck
brauchen?

11. November

Begegne deinem Schatten

Dein Schatten besteht aus den Energien, die du unterdrückt oder entmachtet hast. Diese Energien waren lange Zeit gebunden und haben sich aufgestaut, da sie nicht ausgedrückt wurden, was sie bedrohlich wirken läßt. Dennoch sind es im Grunde genommen natürliche und notwendige Energien, die wir brauchen, um unser Leben zu meistern. Um zu diesen Energien Zugang zu gewinnen, müssen wir einen Weg finden, uns mit unserer Schattenseite vertraut zu machen.

Ich bin gewillt,
von meinem Schatten Notiz
zu nehmen.

12. November

Akzeptiere deinen Schatten

Dein Schatten wurde aus dem, was deine Familie, Umgebung oder Kultur abgelehnt hat, geschaffen. Bei manchen Menschen wurde ihre Aggression zum Schatten, weil ihre natürlichen aggressiven Tendenzen in der Kindheit unterdrückt worden sind. Sie müssen lernen, ihre natürliche Aggression als eine Eigenschaft zu akzeptieren, die es ihnen ermöglicht, sich das im Leben zu holen, was sie sich wünschen. Bei anderen Menschen bildet ihre Verwundbarkeit den Schatten, besonders wenn das Ausdrücken dieser Eigenschaft in ihrer Familie verpönt war. Sie müssen lernen, ihre natürlichen menschlichen Bedürfnisse und Abhängigkeiten zu respektieren. Unsere Kultur hat bei vielen Menschen die natürliche Sinnlichkeit oder Sexualität unterbunden, so daß sie sowohl individuell als auch kollektiv zu einem Teil unseres Schattens geworden ist. Erst das Akzeptieren all dieser Aspekte erlaubt uns, zu gesunden, erfüllten, ganzen Menschen zu werden.

Ich lerne,
alle Aspekte meines Wesens
zu akzeptieren.

13. November

Der Familienschatten

Oft kann man beobachten, wie der Schatten innerhalb von Familien arbeitet. Ein Kind wird zum Rebell oder Sündenbock und beginnt, die unterdrückten Energien der anderen Familienmitglieder auszuagieren. Es trägt für die ganze Familie den Schatten. Dieses Kind beginnt sich zu hassen und sich Vorwürfe zu machen, und die restliche Familie konzentriert sich auf seinen Schatten, indem sie versucht, ihm zu helfen oder ihm gleichfalls die Schuld zuzuschieben. Auf diese Weise braucht sie sich nicht mit den eigenen Problemen zu befassen. Wenn der Sündenbock einen Heilungsprozeß zu durchlaufen beginnt und aufhört, diese Rolle zu spielen, sind die anderen Familienmitglieder gezwungen, sich mit der Integration ihres eigenen Schatten zu befassen.

Trage ich
oder ein anderes Familienmitglied
den Schatten für die anderen?

14. November

Der kollektive Schatten

Den kollektiven Schatten kannst du immer dann in Aktion sehen, wenn eine soziale Gruppe oder eine Nation ihre entmachteten Energien auf eine andere Rasse, ethnische Gruppe oder Nation projiziert und sie zu einem Freibild macht. Wenn du keinen Feind hast, kannst du deine dunkle Seite auf niemanden projizieren und mußt dich selbst mit ihr auseinandersetzen. Das kann schmerzvoll und schwierig sein. Daher ist es viel leichter, einen Rassenkonflikt zu schaffen oder einen Krieg vom Zaun zu brechen.

Um unsere persönlichen und kollektiven Konflikte zu lösen, müssen wir bereit sein, in unser Inneres zu blicken, um unsere Projektionen zu integrieren.

Indem ich alle
meine Aspekte akzeptiere
und integriere,
heile ich den kollektiven
Schatten.

15. November

Visualisieren kann nicht zur Verleugnung benutzt werden

Visualisieren ist ein machtvolles Werkzeug, um eine positive Veränderung in deinem Leben zu schaffen. Doch du kannst es nicht zur Aufrechterhaltung der Verleugnung bestimmter Aspekte benutzen. Das funktioniert nicht. Du kannst dich nicht einfach nur auf das Positive oder die Dinge konzentrieren, die du gern hast und ohnehin akzeptierst, und die Dinge, die du nicht magst oder loswerden willst, verleugnen. Das ist nicht die Art, wie das Universum funktioniert.

Das Leben wird dich so lange mit den Dingen, von denen du hoffst, dich nicht mit ihnen befassen zu müssen, konfrontieren, bis du sie akzeptieren kannst. Visualisieren soll dir helfen, dich allen Aspekten des Lebens zu öffnen, und nicht einige auszuschließen.

Visualisieren
hilft mir, mich allen Aspekten
des Lebens zu öffnen.

16. November

Das urteilende Selbst

Viele Leute in der spirituellen Bewegung geben sich redlich Mühe, über nichts und niemanden zu urteilen. Wir haben die schmerzliche Erkenntnis machen müssen, daß Urteile trennen. Doch wenn wir versuchen, nicht zu urteilen, schneiden wir jenen Teil von uns ab, der zu urteilen pflegt. Wir können ihn nicht davonjagen. Es ist eine defensive Reaktion, die mit etwas zusammenhängt, vor dem wir uns fürchten, das wir noch nicht verstehen oder nicht ausdrücken können.

Nach völliger Urteilslosigkeit zu trachten, heißt nichts anderes, als daß wir einen Teil von uns unterdrücken beziehungsweise ihn verurteilen. Statt dessen müssen wir unser urteilendes Selbst anerkennen und versuchen herauszufinden, was dahintersteckt.

Ich akzeptiere
mein urteilendes Selbst
als einen Teil von mir.

17. November

All unser Tun dient einem Zweck

Der einzige Grund, warum wir etwas tun, ist, daß es der beste Weg ist, den wir bisher gefunden haben, um unsere Bedürfnisse erfüllt zu bekommen, um unser Überleben zu sichern, um Erfolg zu haben oder um unser Leben lebenswert zu machen. Leider weisen die meisten der unbewußten Wege, die wir gefunden haben, um unsere Bedürfnisse zu stillen und für uns zu sorgen, oftmals sehr nachteilige Wirkungen auf. Daher müssen wir sie durch bewußte Methoden ersetzen, die positiver und letztendlich auch viel wirksamer sind.

Ich lerne,
auf bewußte Art für
mich zu sorgen.

18. November

Zoll deinen alten Verhaltensmustern Anerkennung

Zoll deinen alten Verhaltensmustern Anerkennung für das, was sie für dich getan haben. Sie waren der beste Weg, den du aufgrund deiner Herkunft und deiner Lebenserfahrung gefunden hast, um zu überleben und für dich zu sorgen. Es ist wichtig, daß du sie alle anerkennst, egal, wie negativ sie dir nun erscheinen mögen, denn sie haben viel für dich geleistet, dir geholfen und dich beschützt. Nun entwächst du ihnen, wirst dir ihrer mehr bewußt und beginnst, dich durch sie eingeengt zu fühlen. Während du dich von ihnen befreist oder zuläßt, daß sie sich in angemessenere Wege verändern, bedanke dich bei ihnen! Sie sind wie alte Freunde, die dir geholfen haben, daß du so weit im Leben gekommen bist.

Ich zolle meinen
alten Verhaltensmustern Anerkennung dafür,
daß sie mich so weit gebracht haben.
Ich bin bereit,
diejenigen zu verändern und zu entlassen,
die ich nicht mehr brauche.

19. November

Du brauchst, was du brauchst

Es mag dir schwerfallen zuzugeben, daß du deiner alten Verhaltensmuster bedurftest. Vielleicht siehst du einige der Methoden, mit denen du in der Vergangenheit das Leben gemeistert hast, jetzt mit kritischeren Augen. Aber wenn ein Kind Nahrung braucht, um zu überleben, hat es keinen Sinn, ihm zu sagen: »Eigentlich dürftest du diese Nahrung nicht brauchen. Du solltest lernen, ohne sie auszukommen.« Das Kind wird einen Weg finden, Nahrung zu bekommen, oder es wird sterben. Unser inneres Kind hat eben gewisse Bedürfnisse nach Sicherheit, Pflege, Aufmerksamkeit und so weiter, die erfüllt werden müssen. Unsere Selbstverleugnung und alle unsere süchtigen Verhaltensweisen sind der unbewußte Versuch, die Bedürfnisse des inneren Kindes zu stillen.

Nun ist es Zeit, uns die Methoden zu verzeihen, die wir in der Vergangenheit benutzt haben, um unsere Bedürfnisse zu stillen, und neue Wege zu lernen, die wirklich funktionieren.

Ich verzeihe mir
meine alten Gewohnheiten und Verhaltensmuster
und lerne positive und wirksame Methoden,
um meine Bedürfnisse zu stillen.

20. November

Schwierige Zeiten gibt es immer

Auf der Reise der Bewußtwerdung gibt es Zeiten voller Schwierigkeiten und Verwirrung. Oft machen wir uns deshalb große Vorwürfe, weil wir glauben, schon weiter sein zu müssen.

Was wir nicht begreifen, ist, daß jedesmal, wenn wir eine tiefere Ebene des Verstehens erreichen, gleichzeitig eine Periode der Verwirrung eintritt. Häufig tauchen in diesen Zeiten schmerzliche oder erschreckende Emotionen auf. Aber jede schwierige Zeit wird durch eine echte Erweiterung und Vertiefung des Bewußtseins vergolten. Wenn wir lernen, daß dies ein kontinuierlicher Prozeß ist, und aufhören zu erwarten, alles immer sofort zu begreifen, wird es uns leichterfallen, diese Zeiten der Verwirrung zu durchlaufen.

Ich habe Geduld
mit mir in schwierigen Zeiten.
Ich weiß, daß diese vorbeigehen
und ich mit größerem Verständnis
belohnt werden werde.

21. November

Behandle dich selbst wie einen Freund

Wenn du dich wegen irgend etwas am liebsten selbst ohrfeigen möchtest, gibt es eine einfache Technik, wie du dir Erleichterung verschaffen kannst. Tu so, als ob du dein bester Freund wärst. Wie würdest du mit deinem Freund reden? Du würdest deinem besten Freund nie die Dinge sagen, die du dir selbst sagst. Du würdest nie irgend jemanden auf die Art behandeln, wie du dich selbst behandelst, und schon gar nicht jemanden, den du liebst. Begegne dir selbst so mitfühlend, freundschaftlich und hilfreich, wie du allen, die du gern hast, begegnest.

Ich bin
mein eigener
bester Freund.

22. November

Wachstum ist zyklisch

Wachstum ist ein zyklischer Prozeß. Jedesmal, wenn du in einem schwierigen Stadium bist, erlebst du Dunkelheit. Dann bricht wieder ein Morgen an, und eine Weile geht alles leicht, und du fühlst dich gut – bis du dich einer neuen Herausforderung stellen mußt. Das kann sich innerhalb eines Zeitraums von einem Tag, einer Woche, einem Monat oder einem Jahr abspielen. Es ist gut zu wissen, daß dieser Zyklus ein Teil des Wachstumsprozesses ist.

Ich vertraue mich
dem Wachstumsprozeß an.

23. November

Sei verwirrt

Wenn du eine Periode der Verwirrung durchläufst, so laß dich in sie hineinfallen. Laß zu, daß du dich verwirrt, orientierungslos oder festgefahren fühlst. Manchmal ist es notwendig, diese Gefühle eine Weile lang auszukosten. Das ist ganz in Ordnung. Geh in dich und bitte um Führung. Frag, was du lernen sollst. Laß dich zu Menschen oder Situationen hinführen, die dir helfen können.

Es zahlt sich immer aus, eine Periode der Verwirrung zu durchlaufen. Rückblickend wirst du sehen, wieviel sie dir gebracht hat.

Es ist in Ordnung,
sich verwirrt zu fühlen.
Ich werde zu dem geführt,
was ich brauche.

24. November

Halt an deinem Prozeß fest

Wenn Verwirrung in dir herrscht, ist es nicht leicht für dich, an deinem Prozeß festzuhalten. Ein Teil will dies und der andere das. Du willst dich ein für allemal entscheiden, um zu einem Ergebnis zu kommen. Aber wenn es dir gelingt, diese verschiedenen Gefühle in dir festzuhalten und sie dir bewußt zu machen — bleib in der Verwirrung, dem Konflikt, der Ungewißheit — dann wird dir eine Gewißheit zuteil werden, die aus deinem tiefsten Inneren kommt. Deine eigene innere Wahrheit wird dich führen. Wenn du jedoch versuchst, diesen Prozeß abzukürzen, beraubst du dich der Möglichkeit, diese Gewißheit zu erlangen.

Ich bin gewillt, lange genug
in meiner Verwirrung und meinem
Konflikt zu verharren, um das
Aufsteigen einer tieferen
Wahrheit zu ermöglichen.

25. November

Denk an das Vertrauen

Durch jeden Zyklus, den du im Wachstumsprozeß durchläufst, gewinnst du ein wenig mehr Vertrauen. Aber in einem Zustand der Verwirrung ist es schwer, sich überhaupt an etwas zu erinnern. Du hast Mühe, dich zu erinnern, daß du einen solchen Zustand bereits durchgemacht hast und es sich keineswegs um einen Dauerzustand handelt. Auf einer tiefen Ebene bist du dir zwar dessen gewiß, aber auf einer anderen Ebene wirst du dich vielleicht fragen: »Warum fühle ich mich so? Ich verstehe nicht, was mit mir passiert.« Erinnere dich bewußt daran, daß Verwirrung eintritt und daß du zu einem bestimmten Zeitpunkt Klarheit haben wirst. Das Verständnis wird kommen, und du wirst großen Nutzen aus dieser Erfahrung ziehen.

Ich vertraue darauf,
daß jede Erfahrung von Nutzen ist und
Verständnis und Klarheit daraus
erwachsen.

26. November

Wir brauchen Übergangszeit

Wenn wir durch große Veränderungen in unserem Leben gehen, brauchen wir oft eine gewisse Zeit, deren Dauer verschieden ist und wenig Minuten, aber auch Stunden, Tage, Monate oder manchmal sogar ein bis zwei Jahre betragen kann, in der wir nur wenig tun. Es ist eine Zeit inneren Wandels und Wachstums und nicht eine Zeit nach außen gerichteter Interessen. In diesem Stadium machen wir uns oft Vorwürfe: »Was ist los mit mir? Ich bringe nichts zuwege, am liebsten würde ich gar nicht aufstehen.«

Besonders wenn du zu den Menschen gehörst, die immer sehr produktiv waren und sich ihr ganzes Leben lang angetrieben haben, kann es notwendig sein, dich zu entspannen, den Dingen ihren Lauf zu lassen und dich dem inneren Wandel hinzugeben. Versichere dir selbst: »Ich habe hart gearbeitet und viel getan in meinem Leben. Jetzt ist es Zeit, auszuruhen und mich zu erholen.«

Ich nehme mir
für den inneren Wandel die
nötige Übergangszeit.

27. November

Die Spirale der Bewußtwerdung

Die Reise der Bewußtwerdung hat die Form einer Spirale. Wir bewegen uns ständig durch dasselbe Territorium, doch jedesmal auf einer tieferen Ebene. Unsere Grundmuster sind da, und wir arbeiten uns hindurch, so daß auf immer neuen Ebenen Heilung eintritt. Wenn du daher wieder vor derselben Lektion stehst, so darfst du nicht glauben, daß du sie beim ersten Mal nicht gelernt hättest. Du bist einfach ein Reisender, der auf der Spirale der Bewußtwerdung heimwärts reist.

Meine Reise
ist eine Spirale.
Je mehr neue Ebenen
ich erfahre, desto mehr
lerne ich jede Lektion
zu schätzen.

28. November

Es gibt drei Arten von Furcht

Es gibt drei unterschiedliche Erfahrungsweisen von Furcht. Bei der ersten ist tatsächlich Gefahr vorhanden, und deine Intuition warnt dich: »Geh nicht dorthin. Mach das nicht, es ist nicht recht.« Respektiere dieses Gefühl vollkommen und handle danach. Die zweite tritt ein, wenn eigentlich nicht etwas wirklich Gefährliches vorliegt, sondern eine Herausforderung auf emotionaler Ebene. Dein inneres Kind fürchtet sich davor. Laß dir Zeit, um das erschreckte Kind zu besänftigen, schau, was nötig ist, und stell sicher, daß du entsprechend für dich sorgst. Wenn dein inneres Kind dann bereit ist, kannst du die Herausforderung annehmen. Die dritte liegt vor, wenn du weißt, daß du bereit bist, etwas zu tun, und es sich definitiv um eine Herausforderung handelt. Die Furcht ist eine vorübergehende Empfindung, mit der dein Körper und deine Psyche auf das aufregende Betreten einer neuen Ebene der Lebendigkeit reagieren. Erkenne dies und geh einfach durch sie hindurch!

Ich lerne meine
Furcht erkennen und respektieren
und entscheide danach, wie ich
mich verhalte.

29. November

Bedingungslose Liebe

Die höhere Intelligenz des Universums liebt uns alle bedingungslos, und wenn wir mit ihr in Kontakt sind, können wir einen Augenblick bedingungsloser Liebe erleben.

Menschliche Liebe ist nicht bedingungslos. Sie ist bezogen auf die Bedürfnisse und Wünsche unseres inneren Kindes. Nach bedingungsloser Liebe zu streben, ist ein Versuch, dein menschliches Selbst zu verleugnen und dich nur mit deinem spirituellen Selbst zu identifizieren.

Wir müssen unserem spirituellen Selbst erlauben, unser menschliches Selbst, welches nicht bedingungslos liebt, bedingungslos zu lieben. Zuerst und vor allem anderen müssen wir lernen, unsere eigenen Erfahrungen und unseren eigenen Wachstumsprozeß zu lieben. Lerne, deine eigene Persönlichkeit mit ihren sämtlichen Gefühlen zu akzeptieren. Das gilt auch für Zorn, Haß, Selbstsucht, Vorurteile und alles, was sonst noch Teil der menschlichen Erfahrung ist. Du kannst andere Menschen nur in dem Maße lieben, in dem du dich selber liebst und akzeptierst.

Ich lerne,
mich selbst bedingungslos
zu lieben.

30. November

Erleuchtung der Form

Das traditionelle Konzept der Erleuchtung bedingt die Öffnung zu unserer Verbindung mit dem Geist und die Transzendierung der menschlichen Form. Das ist nicht meine Vorstellung von Erleuchtung. Die Wiederverbindung mit dem Licht des Geistes ist nur der erste Schritt. Die wirkliche Herausforderung ist, unsere spirituelle Energie voll in unsere menschliche Form zu integrieren, so daß wir in erleuchteter Weise auf der irdischen Ebene leben können.

Ich bin
auf dem Weg
zur Erleuchtung.

1. Dezember

Wie sieht deine Zukunftsvision aus?

Wenn wir ehrlich sind, müssen wir zugeben, daß wir der Zukunft mit gemischten Gefühlen entgegensehen: Hoffnungsfroh und erwartungsvoll, aber auch ängstlich und verwirrt. Und auf einer tiefen Ebene mag sich sogar eine gewisse Verzweiflung abzeichnen.

Wir leben in einer starken Zeit voller Schrecken und Herausforderungen, wie sie die Menschheit nie zuvor erlebt hat. Aber es ist auch die aufregendste und hoffnungsvollste Zeit, die es je gegeben hat. Es ist kein Zufall, daß wir uns entschieden haben, gerade jetzt auf diesem Planeten zu sein. Nur indem wir uns sowohl unserer negativen als auch positiven Gefühle über die Zukunft bewußt sind, können wir die gewünschten Veränderungen herbeiführen.

Wie ist
meine Vision
von der Zukunft?

2. Dezember

Die Welt ist in einer Heilungskrise

Nur wenn wir durch eine Krise im Leben gehen, beginnen wir, die Wahrheit zu suchen. Diese Art von Krise erleben wir nun auf planetarischer Ebene. Unser Bewußtsein erweitert sich, und die alten Formen, die so lange gepaßt haben, passen jetzt nicht mehr. Sie sind im Zerfall begriffen.

Was nun geschieht, ist, daß alle jene Dinge, die wir in der Vergangenheit nicht bewältigt haben, aufzutauchen beginnen, weil wir jetzt imstande sind, uns mit ihnen auseinanderzusetzen. Vieles davon war uns vorher gar nicht bewußt. Erst wenn uns bewußt wird, was nicht funktioniert, können wir anfangen nachzudenken, was zu tun ist.

Ich sehe
den Heilungsprozeß
in meinem eigenen Leben
und in der Welt.

3. Dezember

Wandel wird oft durch eine Krise bewirkt

Erst wenn unser Leben auseinanderzufallen beginnt, erkennen wir meistens, daß es noch einen anderen Weg gibt, Dinge zu tun. Wir müssen aufgerüttelt werden. Es erscheint uns als eine Katastrophe, aber es öffnet uns die Tür, die zu einer tieferen Ebene des Verstehens, Gewahrseins und Wachstums führt. Immer wieder begegnen wir diesem Prozeß. Sobald wir auf einer Ebene geheilt sind, passiert irgend etwas, das uns auf die nächste Ebene bringt.

Ich bin gewillt,
aus jeder Erfahrung
zu lernen.

4. Dezember

Bevor etwas besser wird, sieht es am schlimmsten aus

Wenn die Dinge am schlimmsten aussehen, ist es tröstlich zu erkennen, daß dies deshalb so ist, weil du endlich etwas hast, mit dem du sie vergleichen kannst! Dein Verständnis oder deine Erfahrung sagen dir, daß es noch einen anderen Weg gibt und daß dein Leben besser sein *kann.* Und der nächste Schritt ist dann, sich den Aspekten zuzuwenden, die noch der Heilung bedürfen, die noch nicht harmonisch und integriert sind und daher nicht funktionieren.

Ich heile mich
auf immer tieferen
Ebenen.

5. Dezember

Wahre Heilung

Wahre Heilung beruht auf dem Aneignen, Akzeptieren und Verinnerlichen aller Energien des Lebens. Wenn wir es erlauben, daß wir auch die Seiten von uns kennenlernen, die wir enteignet haben, werden wir entdecken, daß sie nicht so schrecklich sind, wie wir sie uns vorgestellt haben. Wenn wir ihnen erlauben, Ausdruck zu finden, werden sie ihren Platz als wichtige Facetten unserer Natur einnehmen. Es gibt keine Teilung zwischen ›gut‹ und ›böse‹. Alle Aspekte des Lebens sind Elemente der Lebenskraft und Facetten des Göttlichen.

Ich akzeptiere
alle Seiten von
mir selbst.

6. Dezember

Überlaß dich dem Heilungsprozeß

Auf dieser Welt leben wir gleichzeitig in vier Bereichen: Im spirituellen, im mentalen, im emotionalen und im physischen Bereich. Um uns und die Welt zu heilen, müssen wir alle vier Ebenen heilen, ins Gleichgewicht bringen und integrieren. Für uns alle ist es Zeit, uns der eigenen Heilung zu widmen, aber auch der Heilung unseres Planeten.

Ich widme mich
dem Pfad der
Heilung.

7. Dezember

Heilung der spirituellen Ebene

In unserer modernen Welt haben die meisten Menschen eine tiefgehende Abkoppelung von ihrem spirituellen Selbst und der universalen Quelle erlebt. Dies verursacht ein unterschwelliges Gefühl der Leere und Sinnlosigkeit in unserem Leben, dem wir auf vielerlei fruchtlose Art und Weise zu begegnen versuchen. Spirituelle Heilung tritt ein, wenn wir bewußt beginnen, die Verbindung zu unserer spirituellen Essenz wieder herzustellen, und erleben, wie wir innerlich vom Geist erfüllt werden.

Ich heile
die spirituelle Ebene
meines Wesens.

8. Dezember

Heilung der mentalen Ebene

Wir haben alle viele Gedanken, Ideen und Überzeugungen, die uns zwar in der Vergangenheit gute Dienste geleistet haben, nun aber für die Erweiterung unseres Bewußtseins hinderlich sind. Mentale Heilung tritt ein, wenn wir unsere Weltanschauungen identifizieren und uns allmählich von denjenigen befreien, die uns nicht mehr von Nutzen sind, um neue Ideen zu erforschen, die uns helfen, zu einem volleren Ausdruck unseres Selbst zu finden. Bei manchen Menschen wurde die Intelligenz durch Erfahrungen in der Kindheit, sei es durch ständige Kritik oder andere emotionale Traumata, entmündigt, so daß die mentale Heilung die Wiedereinsetzung der ursprünglichen Intelligenz bedingt.

Ich heile
die mentale Ebene
meines Wesens.

9. Dezember

Heilung der emotionalen Ebene

Um uns auf der emotionalen Ebene zu heilen, müssen wir unsere in der Vergangenheit unterdrückten Emotionen wiederfinden, fühlen und loslassen. Wir können lernen, alle unsere Gefühle voll zu akzeptieren und spontan zum Ausdruck zu bringen. Emotionale Heilung erfordert, daß wir Zugang zu unserer Verwundbarkeit haben und lernen, sie bewußt zu hegen und auf angemessene Weise in Beziehungen und in der Welt zu schützen.

Ich heile
die emotionale Ebene
meines Wesens.

10. Dezember

Heilung der physischen Ebene

Modernes, zivilisiertes Leben ermutigt uns im allgemeinen recht wenig, sensibel für unseren physischen Körper zu sein oder ihn zu respektieren. Tatsächlich haben viele von uns die Verbindung zu ihren wahren physischen Bedürfnissen fast völlig verloren. Physische Heilung tritt ein, wenn wir lernen, wieder auf unseren Körper zu hören und ihn zu fühlen. Die Kommunikation unseres Körpers ist klar und spezifisch. Wenn wir lernen, den körperlichen Bedürfnissen zu entsprechen, stimmen wir uns sowohl auf unsere, als auch auf die natürlichen Rhythmen der Erde ein.

Ich heile
die physische Ebene
meines Wesens.

11. Dezember

Alle Ebenen beeinflussen einander

Alle vier Ebenen unseres Wesens stehen eng miteinander in Beziehung und beeinflussen einander. Wenn wir eine Ebene heilen, unterstützen wir gleichzeitig den Heilungsprozeß auf den anderen Ebenen. Eine Vertiefung unserer spirituellen Verbindung gibt uns die Kraft, uns mit der Heilung tiefer emotionaler Schichten zu befassen. Durch die Arbeit auf der emotionalen Ebene setzen wir auch auf der mentalen und physischen Ebene blockierte Energien frei. Und je mehr wir mit unserem physischen Körper im Einklang sind, desto mehr Energie fühlen wir auf jeder Ebene. Wir können den Prozeß auf jeder beliebigen Ebene beginnen und die verschiedenen Bereiche zu verschiedenen Zeiten in unserem Leben erforschen. Das Ziel ist die Integration aller Ebenen.

Ich integriere
alle Ebenen
meines Wesens.

12. Dezember

Wachstum ist ein lebenslanger Prozeß

Viele Leute, die sich mit ihrem persönlichen Wachstum befassen, glauben tatsächlich, daß alles ziemlich einfach sei — man müsse nur seine Gedanken ändern, eine bestimmte Technik anwenden oder einem besonderen Weg folgen, und schon würden sich die Dinge klären und alles bestens funktionieren. Wenn sich dann herausstellt, daß dies nicht der Fall ist, machen sie sich selbst Vorwürfe.

Ein solcher Glaube ist sehr naiv. Wir durchlaufen einen erstaunlichen Transformationsprozeß. Wir tauchen durch zahlreiche Schichten hinab. Wir transformieren Lebensformen und Verhaltensweisen, mit denen Menschen jahrhundertelang gelebt haben. Wir können nicht einfach einige Affirmationen hersagen oder eine simple Technik anwenden und glauben, damit sei schon alles getan. Wachstum ist ein lebenslanger Prozeß.

Ich bin einverstanden,
ein Leben lang zu
wachsen und zu forschen.

13. Dezember

Eine lebenslange Verpflichtung

Wandlung geschieht nicht über Nacht. Einzelne Schritte auf dem Pfad der Bewußtwerdung können herrlich leicht sein, und manche Schritte erscheinen wie ein Wunder, aber die Reise erfordert viele, viele Schritte. Und die Reise als Ganzes ist nicht leicht. Nie werden wir zu einem Punkt kommen, an dem wir ›fertig‹ sind. Wichtig ist, daß wir eine lebenslange Verpflichtung zur Heilung und Bewußtwerdung eingehen.

Ich gehe eine
lebenslange Verpflichtung
zur Heilung und Bewußt-
werdung ein.

14. Dezember

Du hast deinen eigenen Zeitplan

Bewußtwerdung ist ein sich ständig vertiefender und erweiternder Prozeß, der nie endet. Zum Glück wird er mit der Zeit leichter und immer lohnender. Aber manchmal wird es schwerer, bevor es leichter wird. Manchmal müssen wir erst tiefe, emotionale Schichten heilen, ehe wir uns besser fühlen.

Wo du auch in deinem Prozeß stehst, laß dich nicht entmutigen! Jeder hat seinen eigenen Zeitplan. Hab nicht das Gefühl, daß es zu lange dauert oder daß du schneller sein müßtest. Es hängt sehr viel von individuellen Lebenserfahrungen ab. Manche Menschen haben schon früh im Leben mehr Schmerz als andere erduldet, und deshalb ist vielleicht ihr Heilungsprozeß weiter fortgeschritten. Aber es ist gut, sich immer wieder daran zu erinnern, daß die Tiefen, die wir in unserem Heilungsprozeß durchmachen mußten, uns helfen, anderen in ihrem Heilungsprozeß beizustehen.

Ich respektiere
meinen eigenen Prozeß.
Ich brauche nichts
zu übereilen.

15. Dezember

Wir brauchen andere Menschen

Unsere Gesellschaft ist tief in dem Glauben verankert, daß wir fähig sein sollten, alles allein zu machen und uns selbst zu genügen. Viele von uns glauben das tatsächlich und fühlen sich schuldig, wenn sie andere Menschen, Beziehungen, Liebe, Unterstützung und so weiter brauchen. Wir unterdrücken unsere Bedürfnisse und versuchen, stark und unabhängig zu erscheinen. Das geht so weit, daß wir unsere Bedürfnisse vor uns selbst verstecken. Aber für die meisten Menschen ist es unmöglich, ein zufriedenstellendes, erfülltes Leben zu führen, ohne Verbindung und Austausch mit anderen Menschen zu pflegen. Mit Gewißheit brauchen wir die Unterstützung und Spiegelung durch andere Menschen auf unserer Reise zur Heilung und Bewußtwerdung.

Ich brauche
Liebe und Unterstützung
von anderen.

16. Dezember

Kodependenz gegen Interdependenz

Kodependenz ist die unbewußte Abhängigkeit, die besteht, wenn wir unser Bedürfnis nach zwischenmenschlichen Beziehungen nicht erkennen und akzeptieren. Interdependenz ist die bewußte Anerkennung unseres Bedürfnisses nach anderen Menschen.

Das Bedürfnis nach Kontakt zu anderen Menschen zu respektieren ist sehr wichtig. Nicht nur, daß wir enger Beziehungen zu Partner, Familie und guten Freunden bedürfen; wir müssen auch Sinn für die Verbundenheit mit einer erweiterten Familie, einem Stamm oder einer Gemeinschaft haben. Wir brauchen das Gefühl, einer größeren Gruppe anzugehören. Letztendlich müssen wir fühlen, daß wir ein Teil der menschlichen Familie als Ganzes und mit allen Wesen auf Erden verbunden sind.

Wie kann ich
das Zugehörigkeitsgefühl
zu meinen Mitmenschen
stärken?

17. Dezember

Wir sind die heilende Generation

Die meisten von uns, die einen bewußten Weg gehen, widmen einen Großteil ihres Lebens der Heilung. In der Menschheitsgeschichte ist jetzt die Zeit gekommen, wo ungesunde Strukturen, die jahrhundertelang überliefert worden sind, geheilt werden. Wir gehen diese Verpflichtung ein, damit unsere Kinder dies nicht mehr zu tun brauchen, sondern das tun können, wozu sie hier sind. Das ist unser Anteil am Evolutionsprozeß, für den wir uns selbst Anerkennung zollen sollten.

Ich erkenne und würdige
meinen Anteil an der
Heilung für die nächste
Generation.

18. Dezember

Dein Heilungsprozeß hilft anderen

Ob du beruflich heilend oder helfend tätig bist oder nicht, das Durchlaufen deines eigenen Heilungsprozesses erweist sich auf jeden Falls als Inspiration und Hilfe für andere, die sich mit denselben Anliegen befassen.

Anderen zu helfen, ist unvermeidlich in diesem Prozeß, du mußt dich gar nicht eigens darum bemühen. Auf die eine oder andere Weise wirst du automatisch weitergeben, was du gelernt hast, als Teil der Vervollkommnung deines eigenen Heilungsprozesses. Du wirst in deiner Umgebung auf Menschen mit den gleichen Anliegen stoßen, beziehungsweise werden sich Menschen mit ähnlichen Problemen von dir angezogen fühlen. Ob du sie an deinen Erfahrungen teilhaben läßt oder nicht darüber sprichst, deine Lebenserfahrung ist Teil deines Energiefeldes, und die anderen spüren sie, profitieren von ihr und verändern sich allein durch den Kontakt mit dir oder durch deine bloße Anwesenheit.

Indem ich mich selbst heile,
helfe ich anderen bei ihrer
Heilung.

19. Dezember

Dein Heilungsprozeß hilft deiner Familie

Wenn du an deiner inneren Heilung arbeitest, übernimmst du die Funktion eines inspirierenden Vorbildes und erleichterst die Bürde deiner Mitmenschen und besonders deiner Familienmitglieder. Vor allem die Kinder pflegen energetisch die Probleme oder Verhaltensmuster ihrer Eltern zu übernehmen und in ihrem eigenen Leben fortzusetzen. Eine Heilung auf der emotionalen Ebene ist ein Vermächtnis der Eltern an ihre Kinder, die sich nicht mehr mit denselben Problemstellungen befassen müssen.

Es spielt dabei keine Rolle, ob die Kinder schon erwachsen sind oder nicht. Wenn du als Elternteil beginnst, dich mit deinen eigenen Problemen auseinanderzusetzen, und lernst, besser für dich selbst zu sorgen, dich mehr zu lieben und dich zu heilen, so werden selbst deine erwachsenen Kinder, die weit weg von dir leben, dies auf einer bestimmten Ebene fühlen und davon profitieren.

Meine Heilung
wirkt sich auf
die ganze Familie aus.

20. Dezember

Wahrheitsgetreu zu leben, ist schwierig

Wir haben alle eine Tendenz, andere nachzumachen oder das zu tun, was wir schon immer getan haben, weil es uns als die sicherste oder bequemste Alternative erscheint. Dabei unterlassen wir es oft, unsere Wahrheit auszusprechen oder zu leben, da wir befürchten, daß dies Mißfallen erregen oder zu Unannehmlichkeiten führen könnte. Wie könnten wir noch heute mehr Wahrheit und Integrität in unser Leben einbringen? Auf welche Weise können wir es riskieren, heute unsere Wahrheit auszusprechen oder sie mehr als sonst zu leben?

Heute
folge ich meinem
eigenen Wahrheitssinn.

21. Dezember

Praktiziere kleine Schritte

Zu lernen, mit Hilfe unserer inneren Führung zu leben, ist oft ein Gefühl, als gelte es in einen Abgrund zu springen. Nur durch das Praktizieren kleiner Schritte können wir erlernen, auch im Großen unserer inneren Führung zu folgen. Das heißt, fähig zu sein, sich zu besinnen, was für uns richtig ist, und den Mut zu haben, ja, oder gegebenenfalls auch nein zu sagen, wenn etwas für uns nicht richtig ist. Diese Schritte schaffen Vertrauen in deine innere Führung.

Durch genügend Praxis stellen wir eine starke Verbindung zu unserer inneren Quelle her. Und sobald wir sie haben, wird *sie* uns auf unserem Weg geleiten.

Jeden Tag
vertiefe ich meine Beziehung
zu meiner inneren Führung.

22. Dezember

Laß andere an deinen Erfahrungen teilhaben

Laß die Menschen, die dir wichtig sind, an deinem Heilungsprozeß teilhaben. Gib ihnen ehrlich Bescheid darüber. Das ist die beste Art für Menschen, zu lernen. Nimm immer auf dich Bezug, zum Beispiel: »Kürzlich hatte ich eine faszinierende Einsicht. Ich habe wirklich gesehen, daß dieses Verhaltensmuster mein ganzes Leben beeinflußt hat. Ich beginne, die Dinge anders anzupacken, und fühle eine echte Veränderung.« Das wird das Interesse deiner Zuhörer wecken. Aber wenn du ihnen sagst, was sie tun *sollten*, wird ihre erste Reaktion sein: »Sag mir nicht, was ich tun soll«, oder »Warum? Glaubst du, daß ich ein Problem habe?« Treib sie nicht in eine Abwehrhaltung.

Wie kann ich
meine Veränderungen mit denen,
die ich liebe, teilen?

23. Dezember

Es genügt, daß du dich änderst

Du mußt deiner Familie oder deinen Freunden nicht unter die Nase reiben, was du lernst. Es genügt, wenn es in deinem Leben zu einer echten Veränderung kommt. Sie werden es spüren, egal, ob sie darüber Bemerkungen machen oder nicht, einfach aus dem Grund, weil wir mit Menschen, die wir lieben, energetisch so stark verbunden sind.

Laß sie wissen, was du fühlst und erlebst. Laß sie teilhaben an dem, was du über dich lernst. Vermeide es, sie zu drängen, sich zu ändern oder auf die Art zu wachsen wie du selbst. Konzentriere dich auf deinen eigenen Wachstumsprozeß. Es ist gut möglich, daß du nach einiger Zeit einige überraschende Veränderungen bei ihnen feststellen wirst.

Ich lasse die
mir nahestehenden Menschen
an meinen Veränderungen teilhaben,
aber ich konzentriere mich weiter
auf mich selbst.

24. Dezember

Erkenne das unschuldige Kind

Jeder ist in seinem Herzen ein unschuldiges Kind, das tut, was es gelernt hat, um zu überleben und sich stark und sicher in dieser Welt zu fühlen. Sobald du erkannt hast, was die Mechanismen deiner Persönlichkeit sind – Methoden zur Verteidigung und zum Schutz dieses Kindes –, wirst du alle Aspekte von dir schätzen lernen. Dann wirst du auch das unschuldige Kind und die Essenz des spirituellen Wesens in dir erkennen.

Und sobald das geschehen ist, kannst du gar nicht anders, als auch die anderen Menschen aus dieser Sicht zu sehen. Hinter den Abwehrmechanismen ihrer Persönlichkeit wirst du das unschuldige Kind wahrnehmen und in diesem ihr spirituelles Wesen erkennen, und auf beide kannst du nur mit Liebe reagieren.

In mir
und in allen Menschen
ist ein unschuldiges Kind
und ein göttliches Wesen.

25. Dezember

Geben ist nicht seliger als Nehmen

Bei uns herrschen einige Mißverständnisse in bezug auf Geben und Nehmen. Viele Leute trachten im buchstäblichen Sinne danach, mehr zu geben, als sie nehmen, weil Geben als gut und Nehmen als selbstsüchtig gilt. Dies mißachtet das energetische Gesetz des Universums, daß alles im Gleichgewicht zu sein hat. Wenn du nur gibst und gibst und nichts Gleichwertiges empfängst, wirst du dich verausgaben.

Es ist eine Gnade, beim Geben die Lebenskraft durch uns strömen zu spüren. Aber diese Lebensenergie muß wieder aufgefüllt werden, indem wir genausogut etwas empfangen können. Daher ist Geben nicht seliger als Nehmen. Selig ist, wer gleicherweise geben und nehmen kann, denn nur so entstehen Gleichgewicht, Integration und Harmonie in unserem Leben.

Ich lerne
Geben ebenso wie Nehmen.

26. Dezember

Du bist ein Künstler

Stell dir dein Leben als ein Gemälde vor und versuche es auf die Art zu schaffen, wie ein Maler ein Bild malt. Hör auf die Lebenskraft in dir. Vertraue und folge ihr. Hab den Mut, neue Farben auszuprobieren. Dann tritt zurück und schau dir dein Bild an. Was erzählt es dir über dich selbst? Dein Gemälde liefert dir ein gutes Feedback über das, was in dir vorgeht.

Ich bin
ein Künstler,
der sein Leben schafft.

27. Dezember

Leben ist dein Meisterstück

Du kannst dein Leben auch auf diese Weise sehen: Du schaffst jeden Tag ein Meisterstück. Dein Werk liefert dir Feedback, das dir zeigt, was du morgen anders machen kannst. Du mußt jedoch bereit sein, tief hinab in dein Inneres zu tauchen, um herauszufinden, was es dir wirklich sagen will. Wo bringst du dich voll ein, und wo hältst du dich zurück? Wo tritt eine Verzerrung auf? Wie kannst du diese heilen? Wo mangelt es an Wahrheit, und wie kannst du diese Wahrheit zum Vorschein bringen?

Ich lerne
täglich aus meiner
eigenen Schöpfung.

28. Dezember

Wir sind hier, um das Manifestieren von Geist in einer physischen Form zu lernen

Geist, die universale Intelligenz oder Erfahrung der Einheit, hat sich auf Erden manifestiert, um Zweiheit zu erleben. Das Universum wollte sich selbst lieben. Es wollte eine Beziehung mit sich selbst eingehen. So schuf es ein Reich, wo die Erfahrung von Trennung, Individualität und Verschiedenheit möglich ist, gleichzeitig aber auch die Erfahrung der Einheit, die immer da ist. Wir sind hier, um etwas über Einssein und Dualität, Verschmelzen und Trennung zu lernen. Wir sind hier, um zu lernen, diese beiden Prinzipien zu integrieren, um uns mit dem Universum eins zu fühlen, gleichzeitig aber auch als einzigartige Manifestationen dieser universalen Quelle.

Ich bin mit allem eins
und doch getrennt.

29. Dezember

Ehre das Männliche und das Weibliche in dir

Sowohl für das männliche Prinzip der Entdeckung, Eroberung und Getrenntheit, als auch für das weibliche Prinzip der Verbundenheit, Spiritualität und Einheit ist die Zeit für Gleichheit und Gleichgewicht gekommen. Wir können dazu beitragen, indem wir uns der intuitiven weiblichen Kraft, die jeder von uns hat, anvertrauen und sie mittels unserer männlichen Tatkraft in der physischen Welt unterstützen. Wenn wir auf unsere Intuition hören und in jedem Augenblick unseres täglichen Lebens danach handeln, bringen wir die weibliche und die männliche Seite unserer Natur ins Gleichgewicht und damit auch die Welt.

Indem ich
das Männliche und Weibliche
in mir ins Gleichgewicht bringe,
trage ich zum Gleichgewicht
in der Welt bei.

30. Dezember

Wir sind die Hüter der Erde

Weil wir die Verbindung zu unserer eigenen Spiritualität verloren hatten, verloren wir auch den Bezug zu unserer Umwelt. Wir befanden uns eher in Konflikt als in Harmonie mit der Natur. Tatsächlich haben wir uns als Eroberer der Erde betrachtet. Nun müssen wir erkennen, daß wir mit der Obhut des Planeten betraut wurden. Wir sind die Hüter der Erde.

Ich bin verpflichtet,
mich um diesen Planeten
zu kümmern.

31. Dezember

Eine Vision vom Paradies

Stell dir die Erde vor, wie sie selbst ihr natürliches Gleichgewicht wiederherstellt – schöner, vielfältiger und zauberhafter als je zuvor. Sie ist wahrhaftig ein wunderbarer Ort zum Leben. Stell dir vor, daß viele der Einrichtungen und Strukturen, die nicht mehr in Einklang mit den Bedürfnissen des Planeten standen, außer kraft gesetzt oder transformiert worden sind. Die Menschheit hat Weisheit und Bewußtsein entwikkelt und ist dadurch ins Paradies zurückgekehrt.

Jeden Tag
kommen wir dem
Paradies ein wenig näher.

Glossar

Affirmation
Eine positive Feststellung zur Untermauerung, daß etwas *bereits so ist.* Es ist eine Methode, um etwas zu ›fixieren‹, das wir uns vorstellen.

Archetyp
Ein spezifisches, universales Energiemuster oder eine Subpersönlichkeit. Potentiell sind alle Archetypen des Universums in jedem von uns enthalten. Einige der üblichen Archetypen sind: Das Kind, die Mutter, der Vater, der Kritiker, der Krieger.

Bewußtwerdung
Die Fähigkeit zum Gewahrwerden und zur Integration aller Aspekte von uns selbst. Als menschliche Wesen sind wir einem sich ständig vertiefenden, lebenslangen Prozeß der Bewußtwerdung unterworfen.

Entmachten, entmündigen
Das Verwerfen und Leugnen, daß eine spezifische Energie ein Teil von uns ist, was bewirkt, daß wir diese Energie verstärkt an anderen Menschen wahrnehmen.

Feminin
Die innere, intuitive Energie, sowohl beim Mann als auch bei der Frau, der rezeptive, fühlende Teil unseres Wesens

Höhere Macht
Eine höhere Intelligenz, eine fundamentale, schöpferische Kraft oder Energie im Universum, die die Quelle und Substanz von allem, was existiert, ist. Gewöhnlich stellen wir uns diese Kraft als etwas vor, das außerhalb von uns ist, doch in Wahrheit befindet es sich in uns. Andere Ausdrükke dafür sind: Höheres Selbst, Innere Wahrheit, Innere Quelle, Universale Quelle, Universum.

Höheres Selbst
siehe Höhere Macht

Innere Quelle, universale Quelle
Siehe Höhere Macht

Integration, Ganzheit
Im besonderen die Erfahrung des Akzeptierens und Ausdrückens der vielen Aspekte von uns selbst

Lebenskraft
Die Energie des Universums, die durch alles fließt

Maskulin
Die aktive Energie, sowohl beim Mann als auch bei der Frau, der starke, nach außen konzentrierte, tätige Teil von uns selbst

Persönlichkeit(en)
Die unterschiedlichen Energien oder Subpersönlichkeiten, die wir alle in uns haben. Bei den meisten Menschen hat eine bestimmte Gruppe die Führung übernommen (›dominierende Persönlichkeiten‹), während ein anderer Teil unterdrückt wird (›entmachtete Persönlichkeiten‹). Zu unseren Subpersönlichkeiten zählen: Das innere Kind, der innere Kritiker, der Perfektionist, der Antreiber, usw.

Polarität
Die entgegengesetzten Endpunkte desselben Energiespektrums. Die Natur der physischen Ebene ist die Dualität. Wahrheit tritt in Gegensatzpaaren auf (siehe 15. Februar).

Projektion
Der Prozeß, durch den wir eine Energie – ein Gefühl oder eine Subpersönlichkeit – in uns ablehnen und auf andere außerhalb von uns projizieren.

Prozeß
Eine fortschreitende, ständig wechselnde Reise. ›Deinen Prozeß zu durchlaufen‹ bedeutet, die Lektionen zu lernen, derentwegen du hier bist.

Schatten
Die Teile von uns (Gefühle oder Energien), die wir verworfen, unterdrückt oder entmachtet haben. Wenn ihnen ihr natürlicher Ausdruck nicht erlaubt wird, gehen sie in den Untergrund und ›suchen Zuflucht‹ in verzerrten Ausdrucksweisen. Gewöhnlich projizieren wir diese Eigenschaften auf andere, die wir entweder kritisieren und nicht leiden können oder verehren und anbeten.

Spiegeln
Eine Methode, unsere Umwelt als Reflexion unseres inneren Prozesses zu sehen. Da jeder von uns seine eigene Realität schafft, agiert unser äußeres Leben wie ein Spiegel, der klar und deutlich das reflektiert, was in unserem Inneren vorgeht.

Subpersönlichkeiten
Siehe Persönlichkeiten

Universum
Siehe Höhere Macht

Visualisieren
Ein Vorgang, bei dem wir uns tief entspannen und uns ein gewünschtes Ziel bildlich im Geist vorstellen, das dann in der äußeren Welt geschaffen werden wird.